U0638293

高校创新创业优质教育
资源建设与实践研究

刘常国　王松涛　宋华杰　著

北京工业大学出版社

图书在版编目（CIP）数据

高校创新创业优质教育资源建设与实践研究 / 刘常国，王松涛，宋华杰著． — 北京 ： 北京工业大学出版社，2020.6（2021.10 重印）

ISBN 978-7-5639-7515-0

Ⅰ．①高… Ⅱ．①刘… ②王… ③宋… Ⅲ．①高等学校－创造教育－教育资源－资源建设－研究 Ⅳ．① G640

中国版本图书馆 CIP 数据核字（2020）第 122687 号

高校创新创业优质教育资源建设与实践研究
GAOXIAO CHUANGXIN CHUANGYE YOUZHI JIAOYU ZIYUAN JIANSHE YU SHIJIAN YANJIU

著　者：刘常国　王松涛　宋华杰
责任编辑：刘卫珍
封面设计：点墨轩阁
出版发行：北京工业大学出版社
　　　　　　（北京市朝阳区平乐园 100 号　邮编：100124）
　　　　　　010-67391722（传真）　bgdcbs@sina.com
经销单位：全国各地新华书店
承印单位：三河市嵩川印刷有限公司
开　本：710 毫米 ×1000 毫米　1/16
印　张：9.75
字　数：195 千字
版　次：2020 年 6 月第 1 版
印　次：2021 年 10 月第 2 次印刷
标准书号：ISBN 978-7-5639-7515-0
定　价：54.00 元

前　言

　　"大众创业，万众创新"赋予了高校创新创业教育新的内涵，也对高校提出了更高要求。作为创新创业教育的主要载体，各高校不仅承担着素质教育的责任，更肩负着为社会培养、输送大量创新创业型人才的重要使命。创新是一个民族进步的灵魂，是一个国家兴旺发达的不竭源泉，创新是引领发展的第一动力。我国鼓励创业带动就业，倡导广大青年勇于创新创造。高校要全面实施素质教育，着力提高教育质量，培养学生的创新精神、实践能力和社会责任感，就必须深化创新创业教育改革。

　　创新创业教育的开展往往涉及跨专业、跨学院以及跨领域的深入合作，涉及校内外资源的充分整合。因此，创新创业教育远比专业教育更为综合和复杂，构建高校创新创业教育协同机制势在必行。但在实践中，由于观念、资源、政策体制等各种因素的影响，创新创业教育并未获得如专业教育一样的发展机会，更没有形成校内外之间以及校内各部门之间的有效合作机制。

　　本书共分为八章。第一章为绪论；第二章为国外高校创业教育概况；第三章介绍了我国高校创业教育发展概况；第四章论述了高校创业教育模式的构建；第五章阐述了创新创业教育协同机制的构建；第六章论述了创新创业教育协同机制的运行；第七章阐述了创新创业教育协同机制的保障；第八章讲述了大学生自主创业实操。

　　笔者在写作本书过程中参考和借鉴了部分学者的前期研究成果，在此深表感谢！由于笔者水平有限，再加上写作时间仓促，书中难免有疏漏和不足之处，恳请各位读者批评指教。

目　录

第一章　绪　论

在知识经济时代，创新是一个国家蓬勃发展的动力。高校作为国家创新体系的重要组成部分，肩负着培养具有社会责任感、创新精神、创业能力的高素质人才的重任。大学生创业教育是建设创新型国家、促进经济发展的必然要求，是解决毕业生就业问题、构建和谐社会的重要举措，也是促进大学生实现人生价值的有效途径。

第一节　我国大学生就业与创业现状及高校开展创业教育的意义

一、我国高校毕业生就业现状

自 1999 年高校扩招以来，我国高等教育的规模不断扩大。当前，我国高等教育已进入大众化发展阶段。扩招政策的实施使大学毕业生供需比例出现失衡，高校就业压力持续增大。大学生就业难已成为一个不争的事实。

与 21 世纪初相比，我国现在应届毕业生数量增加了许多倍。而相应的工作岗位数量增长速度却相对较慢。据有关人士预计：中国经济面临的最大难题是劳动力的就业问题，21 世纪失业大军主要是大学生。因此，如何解决高校毕业生的就业问题，将是我们面临的一个重大难题。高校毕业生的就业压力若不能得到有效缓解，将严重影响全社会的劳动就业和和谐稳定，也不利于高等教育自身的改革和发展。

二、大学生就业难的原因分析

造成大学生就业难的原因很多。专家普遍认为：一是鼓励毕业生到城乡基层就业的渠道还需进一步拓宽；二是高校毕业生就业服务体系需进一步健全；

三是针对贫困家庭等就业困难毕业生群体特别是少数民族毕业生的帮扶机制仍不健全；四是高等教育的学科结构布局和人才培养模式还不能完全适应经济社会发展需要；五是毕业生就业观念落后，高校的就业指导和思想政治教育工作存在许多不足之处，有待进一步改进。

从高校层面看，在经济全球化、教育国际化特征日趋鲜明，市场经济体系逐步发育成熟、高等教育改革向纵深发展的时代背景下，现代大学不可能脱离社会而守护着传统的"象牙塔"。树立理性的经营精神，已成为大学与市场经济相适应、与社会期望相一致、与教育规律相符合、与时代发展相合拍的大势所趋，潮流所向。大学经营不等同于所谓的教育市场化、产业化，不是把教育完全视为经济来抓，只重效率，不顾公平，而是强调高校要结合自身的本质和特点适度引入经营理念和方式方法等。大学经营的效益不仅在于追求以最小投入获取最大产出的经济目标，更在于追求实现使学生获得全面发展的社会目标；不仅涵盖投入产出的数量对比关系，还包括人才质量、社会适应等方面的要求。而我国的不少高校为了生存、发展，尽量地提高学生学费、压缩教学成本、追求经济效益，再加上政府教育行政部门的监督力度不够，因此，许多高校不可避免地会"生产"出"伪劣产品"。一些学校以招生为首要目标，不顾现有师资、设备条件的不足，盲目开设专业，导致专业结构失调，为学生的就业留下隐患。

从学生层面看，高校培养出来的毕业生对国家和社会的依赖性过强，缺乏主动性、开拓性和创新性，创新精神不足。长期以来，我国整个社会和家庭缺乏对学生创新精神与创业意识的培养教育，大学人才培养的目标也仅局限于研究型、应用型，在教育理念、教育管理体制、人才培养模式和教学改革等方面还相对滞后，还处在传统的精英教育阶段，从而导致毕业生的创新创业意识不强、创新创业能力弱。当前，随着社会经济的快速发展，竞争日趋激烈，而竞争制胜的关键是具有创业能力和开拓精神的创新型人才。社会急需创新创业型人才，但目前高校培养出来的人才与现代社会发展需要仍然存在着一定的差距。如果高等教育还囿于传统的人才培养模式，那么，其培养出来的人才势必会由于缺乏竞争力而被社会淘汰。

三、我国大学生创业现状

我国大学生创业兴起于1998年，但是我国大学生参与自主创业的人数比例至今一直保持在0.3%～0.4%。大学生创业兴起的标志是1998年清华大学举办的首届创业计划竞赛，随后全国陆续有一些高校也举办了自己的创业大赛。

另外，自 1999 年开始举办的首届"挑战杯"全国大学生创业计划大赛每年也在顺利进行，参加的高等院校越来越多，并且该竞赛还催生了一大批新企业。当前，大学生创业的社会作用和重要意义已经被社会各界高度认同，国家和各地政府也纷纷出台了具体的政策、法规，大部分高校积极制定了相关制度，鼓励和引导大学生创业。

（一）参与大学生创业的人数和规模较小

清华大学是我国大学生创业的发源地，但是清华大学创业的大学生人数也不多，还不到清华大学学生总数的 2%，其他高校参与大学生创业的比例更低。尽管大学生的创业热情仍然不断高涨，但是参与创业的大学生人数与我国大学生的庞大总数相比还是相当少的。

（二）大学生创业的失败率较高

教育部 2004 年的一项调查报告披露：在全国 97 家开张比较早的大学生企业中，赢利的仅占 7%；在由大学生创办的公司中，5 年内仅有 30% 能够生存下去。2005 年的另一项调查则表明，大学生创业失败率高达 70% 以上。2007 年，零点公司的一项调查结果表明，大学生创业成功率只有 0.01%。这反映出一个事实：大学生创业成功率低。

首先，大学生往往有激情、有抱负，但在创业实战中却是"眼高手低"，对具体的市场开拓缺乏经验与相关的知识，在创业过程中很可能会因"纸上谈兵"而败北。大学生要做好企业运作和现代企业管理，只具备专业知识还不够，更要具备一些经济类综合知识和社会经验。但这类知识和经验恰恰是大学生所缺乏的。

其次，当前大学生创业的环境也很不宽松。人们普遍存在着大学生创业就必须"做大事、创大业"的观念障碍。这直接影响到大学生创业的成功率。

再次，大学生心理承受能力弱也是导致大学生创业失败的一个主要原因。所以，从小学到大学的十几年的学校生活，相对风平浪静少有挫折。在这种大环境下，大学生创业者也普遍存在承压能力比较弱的问题。其实无论何种创业都会有风险。所以，大学生在创业的同时应该有"风险意识"，要能承受住风险和失败，能够经得起市场的锤炼。

最后，大学生创业失败率较高的另外一个重要原因是忽视技术创新。很多大学生只看到他人成功后的表象，不顾时间、地点的差异，盲目照搬照抄别人的经验，缺乏创新意识，最终导致自己的学科专业优势没有得到充分发挥。

（三）大学生创业的社会文化基础薄弱

目前在我国社会中，对于大学生创业还存在很多疑惑和反对的声音，很多大学生也持有"如果我创业失败，我会被家人、同事、朋友笑话"等观念。这都在不同程度上影响了大学生的创业。据报道，有关机构在北京、上海、广州三座中国经济较发达大城市进行了调查，结果显示在 900 余位被访者中，67.5% 的被访者担心大学生创业能力和素质，28.9% 的被访者担心参与创业活动会影响到大学生的学习。

（四）大学生所学知识与创业实际运用联系不紧密

很多大学生创业者的实际创业项目和自己所学专业不相符，或者用不上自己所学的学科知识。如此"不搭界"既会浪费大学生所学的知识资源，又会延误创业时机。

（五）大学生创业一般都面临融资困难的局面

我国的大学生创业者资金投入普遍较少，投入行业竞争较为激烈。大学生创业者一般都会选择门槛低的行业。这些行业需要投资的资金少，风险小，但竞争就相对更为激烈，导致大学生创业成功率不高。大学生一般都缺乏启动资金。除家庭资助外，绝大部分创业大学生没有其他经济来源。有的地方政府还未真正落实大学生创业贷款，家长也不积极提供创业资金，社会融资也很难。因此，许多大学生创业所需启动资金没法落实是创业的最大困难。

四、高校开展创业教育的意义

（一）高校开展创业教育是知识经济时代对高等教育发展的必然要求

联合国教科文组织曾经提出创业教育是"第三本教育护照"，把创业教育提到和学术教育、职业教育同等重要的位置。1998 年 10 月，联合国教科文总部在巴黎召开自该组织成立 50 年以来首次的，有 115 位教育部长、2800 多名高等学校校长、教育专家参加的世界高等教育会议，在大会发表的《21 世纪的高等教育：展望与行动世界宣言》明确提出：培养学生的创业技能应成为高等教育主要关心的问题；另外，《高等教育改革和发展的优先行动框架》强调，高等学校必须将创业技能和创业精神作为高等教育的基本目标，要使毕业生不仅成为求职者，而且逐渐成为工作岗位的创造者。

因此，转变教育思想，改革人才培养模式，提高创业教育管理水平，培养更具社会竞争力的创新型人才已成为当务之急。开展创业教育，加强创业教育管理已经成为当今世界教育发展和改革的新趋势，也是知识经济时代对高等教育发展的必然要求，是高校对现代社会多样化的人才需求的积极反应。面对如此严峻的就业形势，高校要转变教育思想，改革人才培养模式，通过开展创业教育，开发和提高学生的创业基本素质，培养和提高学生的生存能力、竞争能力和创业能力，使其由"求职者"转变为"创业者""企业家"。

我国目前实施扩大就业的发展战略，促进以创业带动就业，完善支持自主创业、自谋职业政策，加强就业观念教育，使更多劳动者成为创业者。所以，高校怎样通过创业教育有效地激励一个国家的创业活动是摆在我国高校面前的一个重要问题。

（二）创业教育是对教育本质及规律的全新诠释，是对高等教育工作的价值规范

创业教育是带有全局性、结构性的教育创新和教育发展的价值追求，是一种与时俱进的时代精神，以培养创新创业型人才为价值取向的新教育思想和教育理念。高校应积极探索和建立社会实践与专业学习相结合、与服务社会相结合、与勤工助学相结合、与择业就业相结合、与创新创业相结合的管理体制，使创业教育不仅仅是教育形式和教育内容的变革，更是教育功能的重新定位。

（三）创业教育是建设创新型国家、促进经济发展的必然要求

有人说，21世纪是"创业时代"，国与国之间的竞争将聚焦在创新与创业水平上。对于中国而言，没有任何时候比今天更需要创新，更重视创新。自主创业离不开创新精神，更离不开由创业家主导、以创新型企业为主体的创业活动。如果比尔·盖茨没有创建微软，那么，很难想象美国在计算机软件领域是否还会有今天的技术实力；如果艾德斯坦没有创建诺基亚，那么，很难想象芬兰是否还能在全球数字通讯技术领域独占鳌头……创业自20世纪80年代重新兴盛以来，不仅是一种创办新事业的活动，而且成为人们的思维方式和行为准则。创业已经成为中国经济发展的重要引擎和推动力量。加强创业教育已经成为包括我国在内许多国家的政策取向。

（四）创业教育是解决就业问题、构建和谐社会的重要措施

开展创业教育不仅能够解决大学生就业难的问题，还可以开发和提升大学生的创新能力、竞争力和可持续发展能力，从而带动全民族创新素质的提高。

这是缓解高校毕业生严峻就业压力的根本出路，是我国高等教育与国际接轨并走上可持续发展道路的基本途径，是构建和谐社会的可靠保障。

当前，我国创业教育虽已取得了一定的成绩，但其历史短，成功经验不多，可以说还处于萌芽阶段，理论研究和实践总结都需要进一步加强，其管理及其效果还远远落后于我国目前政治、经济和社会飞速发展的要求，究其根源，最主要的问题就在于创业教育没有形成有效的管理模式和体系。从理论上看，创业教育特质及功能、创业教育及其管理理论基础、创业教育管理模式等内容还有待于进一步探索和研究；在实践上，我国的高校创业教育和创业教育管理仍处于水平较低的初级阶段，创业教育管理的独特性应被作为重点加以研究，需要我国提出切实可行的创业教育管理方式和措施；在社会文化和氛围上，要形成有利于引导学生创业的社会舆论和社会支持，人们要形成鼓励更多大学生加入创业行列的社会主体价值观念。中国创业教育管理的理论研究、实践探讨以及政策推动远远不能满足现实发展的需要，与发达国家有明显差距，值得进一步深入研究和探讨。

综上所述，研究创业教育、发展创业教育，创立科学、有效、系统的创业教育管理体系具有十分重要的现实意义。

第二节　国内高校创业教育研究综述

我国创业教育理论研究起步较晚，开始于 20 世纪 90 年代初期。1990 年，我国作为加入"提高儿童青少年创业能力的教育联合革新计划"的国家，由当时的国家教育委员会基础教育司劳技处牵头，成立了国家协调组以进行创业教育的实验和研究。经过 1990—1991 年第一阶段和 1992—1994 年第二阶段的研究，我国取得了一批研究成果，主要有《关于创业教育的若干问题》《创业教育的目标、课程与评价》《继续教育领域实施创业教育项目研究报告》《农村教育综合改革与创业教育》《素质教育与创业教育》《创业教育系列丛书》等。以上研究成果对创业教育的目标、课程设置、在继续教育领域内实施创业教育、农村教育综合改革与创业教育之间的关系、素质教育与创业教育之间的关系、创业教育实验等方面进行了有益探索，总结和反映了创业教育实践过程中的主要理论问题，并为创业教育学的诞生奠定了良好基础。

我国高校的创业教育始于 1997 年的清华大学创业计划竞赛。2002 年 4 月，教育部召开创业教育试点工作座谈会，并确定中国人民大学、清华大学、北京航空航天大学、黑龙江大学、上海交通大学、南京经济学院（现为"南京财经大学")、武汉大学、西安交通大学、西北工业大学九所大学为创业教育试点院校。此举表明中国高等教育面向21世纪的高等教育的目标又向前迈进了一步，表现了中国教育发展的新趋势，即加强创业教育。通过这批高校的创业教育试点工作，我国不仅取得了可贵的成果，也积累了有益的经验。

随着全国性创业活动的开展，创业教育理论研究渐趋活跃。最初，蔡克勇多家刊物率先发表了《加强创业教育：21世纪的一个重要课题》《教育发展的新趋势：加强创业教育》等重要论文，他指出：伴随知识经济的降临而萌发的创业教育，正在随知识的发展而成为世界高等教育发展和改革的新趋势，呼吁我国高等院校的专家学者加强对创业教育的理论研究。潘文庆等随后则进行了中美大学生创业的比较研究。此后，汪银生、唐德海、常小勇、朱在法等许多专家学者相继发表文章，对创业教育进行宣传和研究。近年来，此类研究不仅在数量上有所增加，而且在理论上不断创新。

为了弄清我国创业教育研究的现状，有研究者通过"中国期刊全文数据库"对该领域的研究情况进行了初步的资料调查，结果发现：从1994年4月至2008年12月间，涉及创业教育的文章达到2133篇（其中有些可能不属于学术论文）；自1999年至2008年间，在教育类期刊上发表的关于高校创业教育的论文共1833篇。笔者对"中国期刊全文数据库"也进行了调查，发现1989年到2008年12月，有关创业教育的论文共1525篇。这些都证明了创业教育研究已经越来越被国内学术界重视，并达到主流学术研究的水平。但笔者同时也发现，目前已发表的这些论文大都分散在各种教育和社会科学研究期刊上，几乎没有专门的创业教育研究学术期刊（只有一种《科技创业月刊》）。这说明我国创业教育研究的学术水平还有待进一步提高。通过对上述创业教育研究论文中出现的关键词进行归类分析，笔者发现创业教育研究的主要关键词包括："创业教育的目标""内容""方法""策略""模式""形式""体系""层次性""课程设计""知识产业化""问题和挑战"等。这些关键词反映出目前我国创业教育的研究水平、研究内容和发展趋势。为了弄清我国创业教育研究的发展状况和趋势，笔者对数据做了进一步的统计分析。

在出版的创业教育的相关教材和学术专著方面，2000年初，华夏出版社开始陆续出版美国著名创业学家蒂蒙斯创业学经典丛书《创业者》《战略与商业机会》《资源需求与商业计划》《创业企业融资》《快速成长》等著作；2002年8月，清华大学出版社出版了《新企业与创业者》；等等。国外创业学著名系列教材和专著的引入，有力地推动了我国创业学领域的学术研究。近年来，相关课题和著述日趋丰富。

虽然，近几年我国高校的创业教育越来越受到各级教育部门和高校的重视，有了较大发展，但是，从总体上看，目前我国高校的创业教育较国外还有一定差距，还处于起步阶段，理论研究和实践总结都不够。

理论上，对于创业教育的价值意义、基本概念、具体内容、特质及功能，创业者的界定、分类素质结构，创业教育模式等问题还有待于进一步探索和研究。我国的研究者主要关注如何解决创业教育的相关问题，更加关注过程研究，只是呼吁和倡导，而很少证明自己的理论观点。虽然过程研究所占的比例很大，但都停留在表面，没有深入分析和探讨。研究方法比较单一，大多是定性研究且多数是泛泛而谈。已有研究极少用到定量研究方法。目前我国十分缺少实证研究。研究方法和研究工具的普遍应用往往是一个学科领域发展和深化的条件与标准。由于我国的创业教育起步比较晚，所以吸取各国创业教育之长，为我所用，是一条捷径。因此，国别研究也是创业研究的重点之一，但目前国内在这方面的探讨仍然很少，而且更多地集中在美国。实际上，西方发达国家的很多创业教育经验值得我们学习。虽然现有研究和论述对创业教育的发展都有裨益，但严格地说，其学术价值不大，对创业及创业教育的推动作用也极其有限。

在实践上，我国的高校创业教育和大学生的创业活动仍处于较低水平和初级阶段。由于我国还没有充分、全面地认识创业教育的具体内容和社会意义，所以，一方面，我国大学里开展的创业计划竞赛的商业化运作成功率极低，且个别单位过分热衷于新闻炒作。在创业教育中凡是那些表面化与简单化的工作、容易产生轰动效应的创业竞赛等活动，往往被搞得轰轰烈烈；而那些实实在在、需要大力投入的的创业教育工作却很少有人去研究。这正是需要我们深入思考和认真解决的问题，否则，创业教育就会始终处在浅层次上。另一方面，少数开展创业活动的大学由于缺乏相应的支持系统，创业教育浮于表面，导致不具备创业素质和技能的学生匆忙走上创业之路，为创业失败埋下伏笔。

在社会氛围上，我国缺乏有利于引导学生创业的社会舆论，更缺乏鼓励更多人加入创业行列的社会主题价值观念。可见，我国创业教育的实践探索、理论研究以及政策推动远远没有能够满足现实发展的需要。

第三节 高校创业教育的相关概念界定

一、创业教育

创业教育是以培养创新精神和创造能力为基本价值取向，以培养创新型人才为主要目标的教育。它是素质教育的延伸，是全面发展学生智慧品质的教育，是全面发展学生个性品质的教育，是更加注重人的主体精神、以人为本的教育。

创业教育理念首先在西方发达国家形成。西方发达国家的教育也较多地重视个体独立性、主动性、创造性培养。创业教育的概念也来源于西方，于20世纪80年代末期传入中国。1989年，联合国教科文组织在北京召开"面向21世纪教育国际研讨会"，会上首次提出"事业心和开拓教育"的概念，后被译为"创业教育"。联合国教科文组织是这样定义"创业教育"的：创业教育，从广义上来说是指培养具有开创性的个人，它对于拿薪水的人同样重要，因为用人机构或个人除了要求受雇者在事业上有所成就外，还越来越重视受雇者的首创、冒险精神，创业和独立工作能力以及技术、社交、管理技能。

1995年，联合国教科文组织在《关于高等教育的变革和发展的政策性文件》中全面阐述了完整的创业教育概念，即创业教育包括两个方面的内容——求职和创造新岗位。1998年10月，世界高等教育大会通过的《21世纪的高等教育：展望与行动世界宣言》中又进一步指出："高等教育应主要关心培养创业技能与主动精神，毕业生不再仅仅是求职者，而首先将成为工作岗位的创造者。"1999年4月，在汉城（现为首尔市）召开的第二届国际技术与职业教育大会上，联合国教科文组织除了进一步强调"创业教育"以外，又特别强调了创业能力的重要性，并在会议的主要文件中指出为了迎接21世纪的新挑战和满足变革的需要，各国要革新教育和培训过程，重视创业能力的培养。

国务院于1999年1月批转教育部制定的《面向21世纪教育振兴计划》，正式确立了创业教育的理念，该计划提出了要加强对教师和学生的创业教育，鼓励他们自主创办高新技术企业。1999年，共青团中央牵头组织了首届"挑战杯"中国大学生创业计划竞赛。如今，该竞赛在全国已广泛开展。2000年1月，教育部做出有关规定：大学生、研究生（包括硕士生和博士生）可以休学保留学籍创办高新技术企业。2002年初，教育部确定中国人民大学等9所高校为创业教育试点院校，开展创业教育试点工作。由此可以看出，创业教育已经得到了我国的高度重视。

关于创业教育的定义，国内外学者给出了很多典型性的表述。

①美国著名的创业教育研究机构考夫曼基金会给出了一个操作性较强的定义：创业教育是一个过程，它向受教育者传授一种概念与技能以识别那些被别人忽视了的机会，以及使他们有足够的洞察力与自信心付诸行动。

②我国学者周秋江认为，创业教育，从广义上讲是培养具有开创性的个人的一种活动，是通过相关的课程体系整体提高学生的素质和创业能力，使其具有冒险精神、创业能力、独立工作能力以及技术、社交和管理技能的一种活动。从狭义上讲，大学里的创业教育主要针对大学生创业，是培养学生创办企业的能力的一种活动。

③我国学者熊礼杭认为，广义的创业教育是指以提高受教育者创业素质为基本价值取向的一种教育理念和教育实践；狭义的创业教育是指对受教育者进行职业培训以满足自谋职业或创业致富需要的教育活动。在学校进行的创业教育一般为广义的创业教育，又可被称为创业素质教育。

④我国学者侯定凯将创业教育界定为企业家精神的教育，并且指出：创业教育的目的不仅是培养创业人才，更是教会学生自主地获取、创造新知，并通过有效地配置自身的各种资源，将知识转化为现实的个人和社会价值，最终实现知识的最大效用。

⑤我国学者张闯认为，创业教育是以具有一定科学文化知识和职业技能的青年大学生为主体，以开发、培养和提高他们的创业意识、创新精神、创业心理品质和创业技能为目标，使其走上自主创业之路，创造就业岗位和社会财富，最终为社会培养出创造型和开拓型人才的一种教育活动。

综上所述，可将高校的创业教育界定，创业教育是开发和提高大学生创业基本素质，将其培养为具有创新精神和创业能力的高素质社会主义现代化建设者的教育。在高等教育领域内，创业教育是在大学素质教育的基础上融入创业素质的基本要求、具有独特功能和体系的教育。创业教育旨在提高学生创新精神和创造能力，增强其创业的意识和能力。

二、创业教育管理

在我国，教育管理有广义、狭义之别。广义的教育管理是指包括教育行政管理和学校教育管理在内的对所有教育活动的管理；狭义的教育管理则专指教育行政管理，即国家、政府教育部门对教育事业的介入、干预、控制、协调、指导和服务等职能活动。教育管理过程包括了制订计划、组织实施、监测评估、反思改进等基本环节。创业教育是市场经济条件下全面培养高素质创新型人才的总体性教育，是素质教育的深化与拓展，也是素质教育的体现和落脚点。创业教育的具体形式包括基础理论和实践操作两个层面。高校应当通过深化以素质教育为核心的教育教学改革和深化以学分制为重点的专业教学体制改革，在基础知识教育和专业知识教育中全面融入和渗透创业教育。大力培养大学生的创业精神、创业意识、创业能力和创业技能。这是创业教育的基本定位和目标取向。

因此，我们可以将创业教育管理理解为，它是教育行政部门和高校通过对创业教育进行介入、干预、控制、协调、指导和服务等职能活动，来实现创业人才培养目标的过程。其管理主体主要是高校和教育主管部门。创业教育是一项复杂的系统工程，其实施需要政府、高校、社会和家庭等各个方面的大力支持、帮助和参与，更需要学生个人的积极参与。

第四节 创业教育与创新教育、素质教育之间的关系及创业教育功能

一、创业教育与创新教育、素质教育之间的关系

创业教育实际上是素质教育和创新教育的一个有机组成部分，是素质教育和创新教育的深化和具体化。教育的质量和效益，集中体现在学生的素质提高上。因此，高校实施创新教育和创业教育的最终目的是促进学生全面发展和整体素质的提高。

创业所需的基本素质是学生综合素质中最重要的素质，或者说创业教育是素质教育最重要的部分和落脚点。高校对学生进行素质教育的目的，就是要使学生既学会做事，又学会做人。这样的学生才能具备创业的基本素质，才有可能在今后各种不同类型的行业和岗位上成就一番事业。

（一）创业教育与创新教育目标取向一致，内容本质相通，功能作用相同

培养学生的创新精神和创业能力是实施素质教育的重点。当前，高校所培养的人才只有具备创新精神，才能符合 21 世纪知识经济时代发展对人才的要求；只有具备了创业能力，才能适应科技成果转化为生产力的速度越来越快、知识和经济结合越来越紧密的社会发展趋势。因而，培养创新精神和创业能力

是实施素质教育的应有之义。从一定程度上说，创业能力的强弱，反映了一个人的创新精神和实践能力的强弱。因此，创新教育与创业教育在人才培养目标上是高度一致的。

创业和创新是当代青年的历史使命。创新精神是个体从事创新活动所需的基本心理特征，主要包括创新意识、创新思维和创新品质等方面。创业是提高社会生产力水平的需要，是缓解社会巨大就业压力的需要，是培养适应社会主义市场经济发展要求的高素质人才的需要。因此，《面向 21 世纪教育振兴行动计划》中指出，要加强对教师和学生的创业教育，积极采取措施鼓励大学生自主创业。创业教育的内容主要包括创业意识、创业精神、创业品质、创业能力的培养四个方面的内容。通过比较创业教育和创新教育内容，我们可以发现，创新教育与创业教育内容相互融合，相辅相成。创新是创业的基础，而创新教育的成效，则可以通过所培养的人才在未来的创业实践来得以检验；创业是创新的载体和表现形式，其成败与创业教育的实施效果有密切关系。创新教育注重的是对人的发展的总体把握，而创业教育着重的是如何实现人的自我价值，二者相互促进又相互制约，是密不可分的辩证统一体。

创新教育不仅变革教育方法或教育内容，更重要的是重新定位教育功能，是对教育的全面革新和发展，它高度重视学生思维训练中的独创性，重视对学生创新精神的培养，努力塑造智商与情商和谐共融的、完美健全的理想化人格，使学生最终成为能够征服自然、改造世界的人。创业教育的功能是培养学生的终身可持续发展的能力，使学生更加适应社会经济发展的要求，使学生的个性才能充分发展、自我价值得到充分实现。创业教育与创新教育所强调的创新精神和实践能力的培养是相同的。

（二）创业教育是素质教育和创新教育的具体化和深化

创业需要综合素质高的人才，因此，创业教育是建立在素质教育基础上的新的人才培养模式。同时，创业又是一种创新。创业既要求创业者懂专业知识，又要求创业者了解市场需求，并且具有良好的组织管理能力和创新能力。因此，创业教育在某种程度上是创新教育的具体表现。由此可见，素质教育的目标之一和重点是创新精神和创业能力的培养，而创业教育是素质教育和创新教育的具体化和深化，它可以贯穿于素质教育、创新教育的全部过程之中，三者之间存在着本质的必然的联系。

二、创业教育的功能

创业教育的任务是通过揭示创业的客观规律、创业的特点和本质，向学生传授创业的基本知识和技能，帮助学生理解创业的意义，树立其创业意识，培养其创业精神，更新其就业观念，使其以准企业家的身份，敢于行动、敢于创造、敢于创新、敢于经历企业家的成功与失败，投身于创业天地中。

创业教育的目标是让学生了解创新创业在经济发展中的地位与作用，了解创业过程的一般规律，使学生对自己的创业技能进行评估，了解新创企业进入市场的一般策略，了解创业计划的基本要素（包括市场营销计划、组织计划、财务计划等），知道如何控制与管理新创企业的成长和扩张等规律，使受教育者敢想敢干，致力于成为一个创业者，并为成为推动经济发展和社会就业的企业家而不懈努力。

具体来说，创业教育具有以下功能。

（一）创业教育可以有效提高创业者的素质

创业者的素质是参与创业过程的创业者的体力和智力素质的总和以及非智力品质的综合反映。一个创业者的体力、知识文化水平、相关经验、学习能力、动手能力、观察能力、分析能力、解决问题能力、创新能力、创造力、亲和力、影响力、管理能力，以及意志品质、兴趣、爱好、性格、习惯、行为规范等方方面面的特点，综合起来就是创业者的素质。创业者的素质决定了企业产出的水平、质量和效益。

创业者素质的形成不仅会受到先天遗传和发育的影响，而且会受到后天的营养、饮食卫生、医疗保健、家庭社会环境以及教育的影响。创业者的基本素质或整体素质的提高主要依靠创业教育。创业教育可以激发人的精神力量，充分发挥其主观能动性，进而提高其认知能力、学习能力、生活能力、发展能力和创造能力等，提高其整体素质，以适应和促进经济增长和社会的进步。学者们普遍认为，教育可以降低创业者、创业团队在创业时遇到的经营管理风险。相关实践也证明，有经验的创业者或者受过良好创业教育的准创业者，一般可以提高新事业的存活能力，而且，在一定程度上，创业教育可以弥补创业者或准创业者创业经验的不足，可以使创业者或准创业者系统地发展一些创业的必备技能。

一些发达国家的专家经过调查研究后发现，下列 9 个因素与创业成败密切相关：政府政策、教育与训练、财务支持、文化与社会规范、政府计划、商业的基础建设、专业的基础建设、实体的基础建设、内部市场的公开。其中以政府政策、教育与训练、财务支持为最主要的关键因素，在 20 个国家中的排名都占据前 3 名。可见，创业教育是影响创业成败的最主要的关键因素之一。

（二）创业教育可以转变创业者的就业观念、增强其创业意识

长期以来，受"学而优则仕"等传统就业思想观念影响，许多高校大学生存在着不少思想认识误区，追求稳定、高待遇的就业岗位，想"一步到位"地实现就业。随着我国高等教育从"精英教育"向"大众化教育"的转变，传统的就业观念受到挑战。高校通过开展创业教育，可以帮助大学生正确认识社会和自己，了解就业形势和劳动力市场现状；树立正确的择业观和创业观，实现从被动就业向主动创业的观念转变；帮助大学生选择创业方向，培养大学生的创业意识和良好的创业精神，使其做好创业的心理准备。

（三）创业教育可以促进经济增长和社会发展

创业教育不但有利于创新型人才的培养，而且对提升整个社会的创业水平发挥着重要的作用。相关研究表明，一个社会的创业教育水平越高，其社会成员灵活就业、自主创业的效果就越好，随之而产生的社会效益和经济效益也就越好；创新型人才发展的速度越快，人们物质、文化生活水平也就越高，从而极大地推动社会的繁荣和发展，促进社会充分就业。创业教育有利于推动毕业生就业和社会经济的发展，能形成经济增长与就业增长的良性互动。

（四）创业教育可以改善创业人才结构和经济产业结构

不同经济产业的发展也对创业人才结构的需求不同。创业者作为劳动力的领袖与核心，对产业结构、经济结构乃至社会结构的变化都会产生重要的影响。创业教育影响创业者的素质结构，并通过创业者的素质结构进而影响着创业人才结构的变化。

第五节 创业教育的理论基础

一、成就需要理论和马斯洛的需要层次理论

需要是个体感到存在某种缺失或不足时力求获得满足的心理倾向，是个体活动的积极性源泉。人作为生物实体和社会成员，既要生存，又要发展。人不仅要生存，而且追求生活的质量和意义，追求人生价值，追求爱与归属，希望得到尊重和认可；同时，又不断面临挑战，往往对现实生活的条件、社会地位和经济收入感到不满，会产生改善生活、改变现实的愿望。这种愿望在一定条件作用下，就会转化为强大的内部力量，推动个体去行动。人的需要是多种多样的，那些强度较弱、不能被人清晰意识到的需要，只是一种未分化的、模糊的意向。意向对人的行为没有推动作用。一项调查结果显示，在1200名大学毕业生中，有自主创业意向者占六成以上，而最终选择自主创业的不足3%。所以，只有当需要强度达到一定程度并被人清晰意识到时才能成为愿望。愿望在某种诱因作用下可被激活转化为动机，驱使个体趋向或接近目标。基于此，开展创业教育是为大学生进行创业提供帮助的。许多大学生都具有创业意向，却站不高、看不远，方向不明、目标不清，又缺乏指导，从而导致其创业意向不能转化为创业动机，或与创业机会失之交臂。高校创业教育实际上就是促使大学生的创业意向转化为创业动机与创业行为的"催化剂"。

成就需要理论认为个体希望从事对他有重要意义、有一定难度、具有挑战性的活动，并希望在活动中取得满意的结果和优异的成绩，且超过他人。需要层次理论是马斯洛于1943年在《人类动机理论》一书中提出的。他认为人的需要由低级到高级分别为生理的需要、安全的需要、归属与爱的需要、尊重的需要、自我实现的需要。生理的需要是人们最原始、最基本的生存需要，如对食物、水分、空气、睡眠的需要等；安全的需要表现为人们要求稳定、安全、受到保护、有秩序、能免除恐惧和焦虑等；归属与爱的需要是指一个人归属于某一个群体，并与他人建立感情的联系或关系，如结交朋友、追求爱情、参加一个团体且在其中获得某种地位等的需求；尊重的需要包括自己尊重自己和受到别人的尊重的需要，这种需要的满足能增强人的信心和勇气，使个体在生活中变得更有能力，更富有创造性；自我实现的需要是指人们追求实现自己的能力或潜能，并使之完善发展的需要。马斯洛认为，这五种需要都是人的最基本

的需要。这些需要是天生的、与生俱来的，它们可分为不同的等级或水平，成为激励和指引个体行为的力量。此外，这五种需求从低到高，按层次逐级递升，但这样次序不是完全固定的，可以变化。一般来说，人们在某一层次的需要得到满足了，就会追求更高一层次需要的满足；这五种需要可以分为两级，其中生理的需要、安全的需要、归属与爱的需要都属于低一级的需要，而尊重的需要和自我实现的需要是高级需要，而且一个人对尊重和自我实现的需要是无止境的。在同一时期，一个人可能有几种需要，但每一时期总有一种需要占支配地位，对行为起决定作用。任何一种需要都不会因为更高层次需要得到满足而消失。高层次的需要得到满足后，低层次的需要仍然存在，只是对行为影响的程度大大减小。

创业本领有助于人们更好地适应未来生活，以满足人自身的五种基本需要，尤其是自我实现的需要，使人的自身价值充分得到实现。运用马斯洛的需要层次理论来分析大学毕业生的需要后，我们可以知道，他们的需要包括了所有五个层次的需要。他们渴望毕业以后能够拥有良好的经济条件，不用为基本的吃、穿、用而发愁；他们渴望安全、稳定、有秩序、能免除恐惧和焦虑的生活和工作；他们渴望与人交往和交流，希望拥有良好的人际关系；他们渴望通过自己的努力克服困难，将自身才能展示出来，以得到别人的认可和尊重；他们渴望实现自身的价值，通过自己的努力成就一番事业，以最大限度地将自身的潜能挖掘出来。而创业在创造物质财富，满足人对物质生活需要的同时，还能有效地满足人的精神生活的需要，实现人自身的价值。全美国高中生未来职业愿望随机抽样调查结果显示，70%的学生希望拥有自己的企业，86%的学生希望知道更多的有关创业方面的知识。我国的一项调查结果显示，大学生对创业活动的理解以"实质性的经营活动"和"一般的社会实践"活动居多，分别占45%和35%，有46%的本科生和57%的研究生有创业意向。因此，可以说高校开展创业教育，加强创业教育管理，以提高学生的创业素质和创业技能是非常必要的。创业教育就是要引导学生通过学习和实践，提高素质，增长才干，发挥潜能，为社会创造更多的就业岗位，实现自身的社会价值。

二、系统科学论

贝塔朗菲最早对"系统"一词做出真正具有了明确而科学的定义，并赋予了它重要意义。贝塔朗菲认为，现代社会和生活的整个领域里都需要按新的方式抽出新的概念、新的观念和范畴，而它们都是以"系统"概念为中心的，系统是相互联系、相互作用着的诸多元素的集或统一体,是处于一定的相互关系中并与环境发生作用的各组成部分的总体。系统论的基本思想方法就是,把所研究和处理的对象当作一个系统,分析系统的结构和功能,研究系统、要素、环境三者之间的相互关系及其变化的规律性。该理论认为,整体性、辰次性、结构性、开放性等是所有系统的共同的基本特征。我们不难发现,系统论的适用范围非常广,因为从系统的角度来看,世界上任何事物都可以看成一个系统,系统是普遍存在的。

在创业教育活动中,创业教育的外部环境——社区环境和社会环境等是教育者有目的、有计划地选择并引入创业教育系统的,实际上是一种"人工"的创业环境,而受教育者以后真正面对的却是"自然"的创业环境。受教育者从一种"人工"的创业环境进入"自然"的创业环境,从单纯而理想的环境进入复杂而真实的环境,其视野立即开阔起来,其认知范围迅速扩大,受到各种性质不同、方向迥异、差异极大的事物全方位的影响,从而不得不去分析、比较、综合、判断和选择。这一方面对受教育者的心理素质提出了更高要求,另一方面也对创业教育的外部环境提出了要求。另外,创业能否成功决定于创业者自身的素质等内部因素,但外部环境也起着重要的作用。因此,创业教育是一项庞大而复杂的工程,不单单是教育部门的事。创业教育预期效果的实现,不仅仅需要教育内部各要素之间互相配合,还离不开外部环境的支持,需要国家、社会给予政策、资金、法律法规和舆论等方面的支持。

三、马克思主义关于人的全面发展学说

人的全面发展是人类千百年来的执意追求。从历史上看,在古希腊时期,已经有人在思考如何实现人的全面发展这一问题。文艺复兴时期的启蒙思想家和以后的许多资产阶级哲学家都触及过这个问题。马克思在借鉴前人卓越思想的基础上,创立了自己的人的全面发展学说。他从分析现实的人和现实的生产关系人手,指出了人的全面发展的条件、手段和途径,并论述了在生产高度发展的基础上,在消灭了阶级压迫的社会制度中人的全面发展的现实性和必要性。其基本观点可以被归纳如下:人的发展是与生产的发展、社会的发展相一致的;工场手工业的分工使人片面发展;现代化的机器大生产是人的全面发展的物质基础;共产主义社会使人的全面发展得以完全实现;教育与生产劳动相结合是实现人的全面发展的唯一方法。

马克思主义关于人的全面发展学说具有重要的教育学意义,它既确立了科

学的人的发展观，又指明了人的全面发展的历史必然性。结合现阶段我国社会发展和教育发展的实际，我们认为，马克思主义关于人的全面发展学说具有以下四个方面的内涵：①人的全面发展应当是人的素质的完整的发展，即人的各方面素质如人的身体与心理素质、德智体美诸方面的素质、做人与做事素质的完整而非片面发展；②人的全面发展应当是人的素质的和谐的发展，即人的各种基本素质的适当、匀称、协调而非失调或畸形的发展；③人的全面发展应当是人的素质的多方面的发展，即人的各种素质内部多方面而非单方面的发展，如道德素质中道德认识、道德情感、道德意志、道德行为等方面的发展，智力素质中的认知、能力等方面的发展等；④人的全面发展应当是人的自由的发展，即人的自主的、能动的、不受阻碍的、具有个性和独特性的发展，而非规训的、受动的、压制学生个性的、模式化或标准化的发展。马克思主义极其重视人的因素，承认人的价值、人的个性、人的主体地位、人的尊严和人的全面发展。马克思曾经深刻指出：未来社会是"一个更高级的，以每个人的全面而自由发展为基本原则的社会形式"，而"每个人的自由发展是一切人自由发展的条件"。

创业需要具备综合素质、特别是具备高素质的人才。没有素质，谈何创业？

从知识经济时代对人才素质的要求出发，从我国高等教育必须适应市场经济的需求、必须符合高等教育国际化发展趋势的要求出发，高校实施创业教育必须以党和国家的教育方针为指导，以促进学生全面发展和整体素质的提高为目的，以创新的精神、创新的理念、创新的思维、创新的方法，对教育观念、手段、方式乃至人才培养模式进行全面的改革和创新，大力培养学生创新精神、创业意识、创业能力和创业技能，努力提升大学生的综合创业素质，使他们有可能在今后各种不同类型的行业和岗位上开创出一番事业。

四、创造力开发理论

人类早在两千多年前就开始尝试界定创造的概念了。例如：古希腊的亚里士多德认为创造就是"产生了前所未有的事物"；马克思认为创造是一种实践活动，是人类改造自然的活动，并且人类的创造活动创造了人类自身；《现代汉语词典》中给出创造的定义是"想出新方法，建立新理论、做出新的成绩或东西"；《辞海》中给出的定义则是"首创前所未有的事物"；等等。从以上创造的定义中可以看出，创造注重"新"，发现新事物、建立新理论、提出新观点、想出新方法、产生新产品等等都属于创造；而且创造的产品不只是物质的，也可以是精神的。

创新精神是创业的灵魂与动力。要创业，就要有追求新事物的强烈意识、对新事物的敏感性和好奇心、对新生事物强烈的探究兴趣、追求新发现和新发明的激情以及百折不挠的毅力和意志，还要有脚踏实地的严谨作风。

创业教育，简单说来就是培养创业者的教育。创业者不论是创立新企业，还是在原有企业中采用新战略、开发新产品、开辟新市场、引进新技术或使用新资源，都是在进行不同程度的创新活动。因而创业者首先是创新者，要具有创新的思维和能力。而创新的思维和能力则是个体创造力水平的综合体现。因此，开发人的创造力，是培养和提高高校学生创业能力的有效途径。

第二章　国外高校创业教育概况

第一节　国外高校创业教育发展历程

随着经济全球化进程和世界主要经济体经济增长速度的减缓，青年就业问题越来越严峻。2003 年，联合国秘书长在联合国大会上发布的《世界青年报告》表明，青年失业人口占全世界失业人口的 40%。据估计，目前全世界失业青年已达到 6600 万人，帮助青年创业是解决就业问题、提高青年就业能力、促进经济社会可持续发展的有效办法之一。1995 年，第五十届联合国大会通过了《到2000 年及其后世界青年行动纲领》，把建立青年自主就业的机制列为青年就业纲领中的首要任务。这表明青年就业已经成为各国政府和国际社会普遍关注的社会问题。

1998 年 10 月 5 日至 9 日，联合国教科文总部在巴黎召开首届世界高等教育会议。该会议通过了《21 世纪的高等教育：展望与行动世界宣言》。该宣言明确提出：培养学生的创业技能，应成为高等教育主要关心的问题。《高等教育改革和发展的优先行动框架》又强调了这个思想，指出：高等学校必须将创业技能和创业精神作为高等教育的基本目标，要使毕业生不仅仅成为求职者，而且应逐渐成为工作岗位的创造者。

联合国教科文组织于 1999 年 4 月 26 日至 30 日，在汉城（现为首尔市）举行第二届国际技术与职业教育大会，在大会上突出强调了培养学生的创业能力；并指出创业能力是一种核心能力，创业能力包括创业态度、创造性和革新能力、把握和创造机会的能力、计算需承担的风险和自我谋职的技能等；必须通过普通教育或技术与职业教育来培养创业能力，这种能力对个人在各种工作领域内激发自身的创造力至关重要。

在知识经济时代，高科技产业的发展将成为国家竞争力的因素，不仅需要大批具有创新精神和创造力的人才，更需要一个完整的创业体系的支撑。创业已经成为一国经济持续发展的原动力。创业教育虽然已被提出多年，但从来没有像今天这样受到全世界的重视。联合国教科文组织曾经提出创业能力护照为"学习的第三本护照"，要求把创业能力护照提到与学术职业性护照同等重要的地位。国际社会如此重视创业能力培养是由社会经济发展所决定的。第一，无论国家发达与否，都会有相当比例的毕业生无法获得就业岗位，且比例逐年提高，有些国家甚至达到或超过 50%，创业教育的价值愈发明显。第二，根据经济发展规律，第一、第二产业的就业人口比例逐步缩小，第三产业就业人口将逐步增多，经济形态日益向服务和资讯形态发展，只用少量人力和办公设备就可组建公司。同时，信息技术高速发展、办公自动化程度日益提高、所需设备成本日益降低，都为小企业和家庭企业的发展提供了适当的环境和条件。通过创建小企业自我谋职，既符合经济发展的潮流，又是各国知识青年的另一条就业道路。

一、美国高校创业教育发展

创业教育最早兴起于美国。美国商人霍勒斯·摩西于 1919 年创立了青年商业社，以帮助那些有创业意愿的学生成立自己的公司。这在很大程度上催生了美国的创业教育。1947 年，哈佛大学商学院的迈尔斯·迈斯教授率先开设"新创业企业管理"课程。该课程被后来众多的创业学者认为是美国大学的第一门创业学课程，是创业教育在大学的首次出现。但是由于当时美国正处于大工业化时代，经济增长速度快，大公司发展繁荣，小公司不断减少，所以，创业教育缺乏成长的环境，大学中的创业学科并没有得到很好的发展，甚至连最先开设创业课程的迈尔斯·迈斯教授也担心创业领域没有很好的学术发展前景而转移研究方向。直到 1968 年，美国只有 4 所高校开设了创业方面的课程。

1967 年，斯坦福大学和纽约大学开创了现代的针对工商管理硕士的创业教育课程体系。1968 年，百森商学院第一个在本科教育中开设创业方向的课程，南加州大学于 1971 年提供了有关创业的工商管理硕士学位。由此，创业教育开始在美国萌芽。自 1969 年至 1970 年间，美国又有 12 所大学开设了创业方面的课程。1973 年，美国东北大学开设了美国第一个创业学本科专业。1973 年，中东石油危机引发了战后世界性经济衰退，世界各国相继出现了大批企业倒闭、工人失业的现象。大批失业人员流入社会，导致世界许多城市出现了骚乱。在这种背景下，创业教育便成了各国的战略选择。此时，美国经济出现了经济结构的转型，大企业提供的就业岗位越来越少，超过80%的新就业机会是由新创企业提供的，以比尔·盖茨为代表的创业者们的成功创业对美国的创业教育起到了巨大的催生和促进作用。

进入20世纪90年代后，美国的创业教育进入了迅速发展阶段，开设创业课程的学校增加到1050所。美国的创业教育经过了50多年的发展已经趋于成熟，正逐步形成一个完整的社会体系和教学研究体系，其内容涵盖了从小学、初中、高中、大学直到研究生的教育。1995年，开设了创业课程的美国大学已超过400所，其中50多所大学开设并提供了至少4门创业方面课程，并使之成为一个创业教育项目，作为大学教育的重要组成部分。几乎所有参加美国大学排名的大学均已开设了创业课程，社区学院、初级学院和一些工程学院也开设了创业课程，有的大学甚至将其设置为全校必修课，并且开始培养创业学方面的工商管理博士，使创业教育的学科体系逐步发展完善。截止到2005年，美国共有1600多个学院开设了2200门关于创业的课程，成立了100多个有关创业的研究中心，积累了超过四亿四千万的基金资助。在这一时期，美国创业教育取得了巨大的成就。

美国作为创业教育的发源地，其高校在创业教育理论和实践两个方面都积累了非常丰富的经验，已经基本构建了比较完备的体系结构。美国高校创业教育具有以下特点。

其一，学校领导高度重视创业教育。美国高校管理层对创业教育的高度重视有力推动了创业教育的发展。许多高校设立专职创业教育机构。很多高校的校院级管理者都在创业教育体系中担任重要职务。例如，百森商学院的校长、教务长、研究生院院长都是创业教育领域全球著名的学者。肯尼亚技术培训与技能开发部规定，凡有条件的职业学校都要设立"创业教育研究室"和"小企业中心"。"创业教育研究室"的主要任务是负责创业教育的实施、评估、考核等方面的事务。"小企业中心"是学校与当地小企业联系的窗口，其主要任务是增强学校与当地小企业之间的联系，为小企业的开设和经营提供咨询等方面的服务，同时也为本校学生提供创业教育实习场所。

其二，美国高校十分重视创业教育师资队伍的建设。教师的素质是创业教育的关键。为了保障创业教育的有效开展，美国高校大多配备了雄厚的创业教育师资力量。一是鼓励和选派教师从事创业及创业实践体验活动。很多美国大学商学院的教授都曾有过创业的经历，并担任过或现在仍然担任一些企业的外部董事这一职位，因此，他们对创业领域的实践、发展趋势及社会需求变化有良好的洞察力。美国百森商学院在1980年最先设立创业学教授席位，并且要求创业教育师资中必须有创业风险投资家、创业家、实业家和初创企业的高级管理人才。以阿瑟·布兰克创业中心主任和百森商学院创业学分部主席小斯蒂芬·斯皮内利为例，他曾经是美国石油交易公司的创始人、主席和首席执行官，也是杰斐润滑油国际公司的发起股东、董事和经理。虽然小斯蒂芬·斯皮内利现在从事全职教学工作，但是他仍担任数家公司的董事职位，包括凯斯通汽车公司、奥克设备公司等。二是注重吸收社会上一些既有创业经验又有学术背景的资深人士担任兼职教学和研究人员，并以短期讲学的方式参与大学创业教育项目。例如：英特尔公司的前任首席执行官兼董事长安德鲁·S.格罗夫从 1991 年开始担任斯坦福商学院的兼职教师，每年秋季开 1～2 门课程。又如，斯坦福大学为选"创业机会识别"课程的学生组建商业计划开发团队，聘请有丰富创业和创业投资经验的业界资深人士担任指导。

其三，创业教育教学计划与课程设计具有系统性。美国大多数院校都将创业作为一个专业领域或研究方向，因而具有完整且系统的教学计划和课程结构体系，涵盖了创业构思、融资、设立、管理等方方面面，概括起来，有以下课程：创业所涉及的法律、新兴企业融资、商业计划书、创业领导艺术及教育、技术竞争优势管理、启动新设企业、大型机构创业、社会创业、成长性企业管理等几十门课程。由于各大高校的创业教育项目的侧重点不同，各高校的创业教育课程也有所差异。以百森商学院为例，学校设计了创业课程教学大纲和制订了外延拓展计划。就创业课程教学大纲而言，它将课程分为公选课程与核心课程。公选课程面向全校学生，内容涉及外国文化、历史研究、文学艺术、伦理道德、自然科学及社会分析六大领域，体现了科学教育与人文教育的有机整合。核心课程面向本科生和研究生，课程体系包括战略与商业机会、创业者、资源需求与商业计划、创业企业融资、快速成长五个部分。课程内容采用模块化结构，主要由基本理论、案例分析和模拟练习等模块组成。这种系统化的课程设计，有效地保证了创业教育理念的落实和教育目标的实现。

其四，注重实践教学，提升学生创业能力。美国大学非常重视学生的创业实践，经常组织各种创业实践活动，其中最著名的当属商业计划大赛（也称创业计划大赛），影响力非常大，从 20 世纪 90 年代到现在，每年都有 5～6 家新的企业是从竞赛中诞生的。

商业计划是一无所有的创业者就某一项具有市场前景的新产品或服务向风险投资家游说以取得风险投资的可行性商业报告。美国高校的商业计划竞赛起源于 1983 年，当时得克萨斯大学奥斯汀分校的两位工商管理类硕士研究生希望借鉴法学院的一种模拟法庭形式举办商业计划竞赛，以此来推动高校工商管理类硕士研究生走入社会，进行企业策划的演练，但并没有受到多大重视。校方只给两位研究生象征性的经费支持。这两位商业计划的创办人经历千辛万苦，终于成功举办了世界上第一次商业计划竞赛。后来，当得克萨斯大学奥斯汀分校的商业计划竞赛的举办者为了吸引新闻媒体等各方的注意力，开始邀请著名的宾夕法尼亚沃顿商学院等几家全美最有影响的商学院参加比赛并且表现出极大竞赛价值。之后，许多美国高校开始群起仿效。麻省理工学院、斯坦福大学、哈佛大学等著名高校先后创办了自己的商业计划竞赛。其中以麻省理工学院商业计划竞赛最为成功。

麻省理工学院的"五万美金创业计划竞赛"已有多年历史，影响非常大，成就令人瞩目。1990年，仅有一份获奖的计划赢得了风险投资。但1997年度的竞赛结束后，当年就有7家公司诞生。从麻省理工学院创业计划竞赛中诞生的公司数量几乎每年都在增加，许多成熟的商业计划更是被附近的高技术公司以高价买走，促进了周边企业的发展，这些从麻省理工学院创业计划竞赛中诞生的公司绝大部分发展十分迅速，年成长率通常在50%以上。一项统计结果表明，表现最优秀的50家公司中竟有46%出自麻省理工学院的创业计划竞赛。一批批的创业者在比赛中得到锻炼和成长。许多风险投资家涌入大学校园，寻找未来的技术经济领袖。

除了麻省理工学院的创业计划竞赛以外，得克萨斯大学奥斯汀分校的创业计划竞赛等四个国际商业计划大赛也闻名整个美国。这些商业计划竞赛每年都吸引着大量的风险投资家们的注意，成为美国校园一道独特的风景线。从某种意义上讲，高校的商业计划竞赛已经成为知识经济时代美国经济的直接驱动力量之一。

创业计划竞赛与风险投资紧密相关。高科技与新兴服务企业的发展具有高风险、高投入的特点。这就决定了谨慎的传统投资模式已不可能为这类企业提供充足的资本，于是风险投资应运而生。由于高科技产业存在技术风险、市场风险、管理风险，投资家不得不对每一项投资慎之又慎。这就要求创业者在商业计划中对市场做出最清晰的分析，对产品的需求做出最准确的预测，对未来企业的管理做出最周密的筹划，对投资的收益做出最可信的阐释。投资者也往往通过创业者提交的创业计划来了解创业者，因此，从一定意义上说，创业计划是创业者创业起步的通行证。

美国硅谷之所以闻名于世，是因为那里有世界上最好的进行高科技创业的环境。美国许多地方也希望塑造本地的"硅谷"，但都没有取得硅谷这样的成就，最主要的原因就是没有硅谷得天独厚的优良环境——优秀的大学、优秀的创业者、优秀的投资家、优秀的创业环境。当代著名的美国高科技大公司几乎都是创业者们利用风险投资创造出来的。英特尔的戈登·摩尔、罗伯特·诺伊斯，微软公司的比尔·盖茨、艾伦，苹果公司的乔布斯等无不是创业者的典范，他们大部分在离校后不久甚至在学校里就开始创办公司了。

创业计划竞赛活动在知识经济时代的风险投资浪潮中渐露峥嵘。目前，全球已有 30 余所大学成功举办创业计划竞赛，并已形成了一个全球商业计划竞赛网络。

除了创业计划大赛，美国各大高校还经常组织创业交流会等活动。斯坦福大学的创业俱乐部、高技术俱乐部、创业投资俱乐部每学期都有详细的活动安排，学生参与的积极性较高。加州大学洛杉矶分校邀请了数十位创业成功人士与选修创业课程的学生结成小组，对学生的创业计划直接提供咨询与指导。百森商学院设立"创立人之日"活动，当天把全球有影响力的创业家邀请到学校同学生交流座谈，成立了创业家协会。

其五，创业教育组织机构多样化。美国高校的创业教育组织机构主要包括创业教育中心、创业家协会、智囊团、家庭企业研究所等。创业教育中心主要负责制订和实施创业教育课程计划、创业教育研究计划、外延拓展计划；创业家协会一般由比较杰出的创业家组成，主要是参与教学，为创业中心提供资金和各种捐助；智囊团主要由董事长、首席执行官、总裁等组成，每年召开一次学术交流会议，为创业研究者提供沟通机会，发布会议交流论文、索引、文摘及相关信息；家庭企业研究所主要负责举办家庭企业系列讲座、开展家庭企业研讨会、颁发杰出家庭企业奖等，目的是帮助家庭企业快速成长并成功地把企业交给下一代。

其六，评价体系日益完善。随着高校创业教育的迅速发展，其相应的评价体系也变得日益重要。自 20 世纪 90 年代初开始，美国的《商业周刊》《创业者》《成功》等杂志就先后对大学创业教育项目进行一年一度的评估。为了更好地评估大学的创业教育项目，威斯帕在多年研究的基础上提出了评价大学的七个要素：提供的课程、教员发表的论文和著作、对社会的影响力、毕业校友的成就、创业教育项目自身的创新、毕业校友创新企业情况、外部学术联系。日益完善的评价体系增强了高校间的竞争意识，也促进了创业教育的快速发展。

二、欧洲高校创业教育发展

创业教育在欧洲也正呈现增长态势。许多欧洲大学开设了创业学课程，并着力开展创业教育研究，一些大学教师和学生已经加入创业实践队伍中。

三、澳大利亚高校创业教育发展

澳大利亚政府近年来十分重视创业和创业教育。在澳大利亚的职业技术教育学院开展的小企业家培训活动中，教师专兼职比为 4 : 6，其中大多数教师是具有高等教育背景的小企业家，他们兼备理论和实践，懂得如何教会学生创办自己的公司和工厂。目前，澳大利亚政府积极实行课程结构改革和调整，并已开发出 4 套模块化教材，即综合性概述类教材、工业类教材、商业发展类教材和远程教育类教材。每套教材分别有管理自己与管理他人并可以独立教学的模块。学生可以按自己的兴趣和要求选学 30 ～ 200 学时。

四、韩国高校创业教育发展

在韩国，大学生普遍充满创业激情。在各个大学的"风险创业同友会"中，有许多梦想着成为未来的比尔·盖茨的大学生们。一项相关调查表明，71% 的韩国青年希望自己创业，这个数字排在全球第一位。一项统计结果表明，韩国大学生创办的风险企业中有 76% 集中在信息、通信、因特网、电子等高科技领域。

综上所述，国外高校的创业教育和创业实践，已使得青年大学生正成长为一支朝气蓬勃的创业主力军队伍。知识经济的资源特征为大学生创业提供了资源优势。在知识经济社会里，知识、信息取代原材料、资本劳动力成为最重要的资源，使得受过高等教育的人群具有创业的资源优势；因特网的普及又为大学生创业提供了信息优势，使得有机会经常在网上浏览的大学生们很容易迅速获得创办和经营企业的信息。以比尔·盖茨为代表的一代青年大学生的成功创业，就是知识经济的产物。是知识经济造就了这批"创业英雄"。

1983 年，在英国王储查尔斯王子的倡导下以及王子基金的支持下，英国启动了青年创业计划，动员和联合企业界及社会力量为青年创业提供咨询指导和资金、技术、网络支持。除了开展青年创业计划以外，英国还大力鼓励和支持全社会，尤其是高等院校的教师和学生创业。英国政府于 1998 年发表了题为《我们竞争的未来：建设知识推动的经济》白皮书。该白皮书中有这样一段话："我们的成功取决于我们如何善用我们最宝贵的资产：我们的知识、技能和创造力。这个新世界对企业家的挑战，要求它们是创新的、有创造性的，能够持续改善性能，建立新的联盟和合作冒险。对政策制定者的挑战是创造一个框架，用这个框架支持科技杰出性的持续发展，加强竞争以及创业和创新文化，并使环境得到有效保护。若有一个稳定的金融和经济背景，有一个支持创业的商业和社会环境，市场、技术和资金容易获得，有一支教育精良和技术熟练的、灵活的劳动队伍，创业就能获得成功。"

英国的"硅沼"被称为"剑桥奇迹"。"硅沼"之名得自剑桥周边信息技术企业所在的那片沼泽地，与美国加州斯坦福大学周边的"硅谷"并称。在短短的几年间，这里冒出了 1000 多家高新技术企业，雇佣员工 3 万多名，年收入 30 多亿美元。"硅沼"兴起于 20 世纪 60 年代的剑桥大学科学园，致力于将大学科研与企业结合起来，到了 20 世纪 80 年代，这片约 130 英亩的土地上出现了近 500 家高新技术企业，为 4000 多人提供了就业机会，年产值达数亿英镑，成为欧洲最成功的科学园之一，被称为"剑桥现象"或"剑桥奇迹"。到了 20 世纪 90 年代，由布罗厄斯参与推动的"硅沼"更为"剑桥奇迹"注入了新的生命力。

布罗厄斯在追溯剑桥与企业的相关历史时，曾说过："剑桥大学对于应用型科研的支持，远远早于科学园的建立。而剑桥和企业之间建立起明确的联系已长达一个多世纪。"他认为，"剑桥现象"的繁荣发展得益于剑桥的一大特色——赋予个体以学术自由，使他们能够去追求自我的理念、思想，并保留他们自己的知识产权。布罗厄斯认为，财政政策、土地使用以及美国的经济规模，使硅谷与硅沼有所不同。他认为，在剑桥大学的创业教育经验中最值得关注的有两点：对于新兴企业的扶持和一些促进小企业建立的法律、财务机构的存在。今天，剑桥通过各种方式鼓励人们去创新、创业，并专门建立了剑桥创业中心。

近年来，在制药、计算机科学等领域，剑桥与葛兰素、微软等大型跨国企业开展了深入的合作。面对未来，布罗厄斯认为，剑桥必须建立一种新型的，更具灵活性、激励性的体制，以进一步催生新型的小企业。同时，大学与大企业之间建立了有效的合作机制，也将有力地推动巨大成果的产生。剑桥大学新近的重点是植入式实验室，即企业在大学建立实验室。这对于大学的基础研究非常有利。

第二节　国外著名高校创业活动和创业教育典型模式

一、斯坦福大学高校创业活动和创业教育模式

（一）斯坦福大学商学院概况

斯坦福大学商学院和哈佛大学商学院被认为是美国最好的商学院，两者多次在美国权威杂志的商学院排名中并列第一。然而，斯坦福大学商学院的规模要比哈佛商学院小很多。哈佛商学院实行各种企业管理人才培训计划，培训人数每年多达5000人；而斯坦福大学商学院只实行一种企业管理人才培训计划，为期10个月，每年只招收50人左右。从学生素质来说，全美730多所商学院中，没有一所商学院的入学竞争有斯坦福商学院这样激烈。最近几年，每年都有5000到6000人申请进入斯坦福商学院，但只有360人能够如愿以偿。从这个角度来说，斯坦福商学院是美国"身价"最高的商学院。

哈佛商学院和斯坦福商学院，一个位于美国东部，另一个位于西部加州硅谷的中心地带。这种地理位置上的差异，不仅造就了两所学院的不同历史，也使它们在教育风格上各有所长。在斯坦福商学院教金融学的黄明副教授说："在这个高科技迅速发展的年代，斯坦福商学院具有独特的优势。它地处全世界高科技发展的中心——硅谷，对硅谷的创立和发展起了非常重要的作用。硅谷许多著名的高科技公司的创始人，或者他们使用的发明，都来自斯坦福。这种地理位置优势是东部的大学所没有的。"

也许正是这个原因，很多斯坦福商学院的人自豪地认为，哈佛商学院代表比较传统的经营管理培训模式，要培养的是大企业管理人才；而斯坦福商学院则更强调开创新科技、新企业的"小企业精神"，要培养的是新一代创新型小企业家。

（二）斯坦福大学的创业活动

硅谷的迅速崛起，为斯坦福大学带来的直接回报就是金钱。早在20世纪80年代初，斯坦福大学每年仅仅从工业园的土地租赁中就坐收600万美元。如今，随着房地产业价格火箭般地攀升，没有人能说得清楚这寸土寸金的地方将来意味着什么。除此之外，斯坦福大学重要的一个非政府资金来源就是校友捐助。其中，比较著名的例子是，1977年，惠普的休利特和帕卡德捐助了920万

美元。1991 年，在斯坦福大学百年校庆上，斯坦福大学募捐了 126 亿美元。这在整个高等教育史上创造了一个新纪录，连哈佛大学也望尘莫及。

有了充足的经费，后起的斯坦福大学办学层次和水平提高之快令人震惊。自 20 世纪 70 年代以来，斯坦福大学在全美大学评估中的地位扶摇直上。目前，它的本科生和研究生院以及主要的几个学院，都基本在全美的前 5 名之列。斯坦福大学通过发展实用科学和开发技术，创造和积累财富，再转过来改善学校办学条件，增强基础研究实力。随着斯坦福大学地位的上升，联邦拨款和专项资助、基金会的赞助越来越多，学费额度也节节拔高，由 1920 年—1921 年度的 120 美元变为如今的 27204 美元。高额的学费收入对学校而言又是一笔巨大的财富。

但最大的回报还是源源不断的智力资源和生机勃勃的创业活力。斯坦福大学商学院培养出的很多人才都进入了高科技行业。很多工商管理类硕士研究生在没有毕业时就和这些公司建立了密切的联系。比如，硅谷最老资格的高科技公司惠普的两位创始人就是斯坦福大学的毕业生，雅虎网站也是由斯坦福大学毕业生创办的。在毕业生中，10% 以上的学生毕业后立即创办了自己的公司，其中大部分和新兴的电子商业有关，许多风险投资公司和投资人都直接到商学院来物色他们的企业创办人。

在斯坦福大学，教师在不影响教学和科研工作的前提下，均可直接参与创业活动。有如此良好的创业环境，再加上斯坦福大学对教师和学生创业的默许，就不难理解为何斯坦福人对应用技术开发如此情有独钟、个人的创业热情如此高涨。实际上，雅虎等公司就是在斯坦福校园的创业氛围中诞生的，而正是它们给美国硅谷的发展注入了新的生命力。据粗略统计，在过去的 50 年里，硅谷之中由斯坦福大学的教师、在校学生和毕业生创办的公司达 1200 多家，目前 50% 以上的硅谷产品来自斯坦福大学校友开办的公司。

（四）斯坦福大学的创业教育模式

斯坦福商学院在教学中特别强调高科技的运用，很多课程的内容都涉及如何创立高科技公司，如何在某个行业或大企业中实现技术转变，以及如何运用新技术来开发新产品等。为此，学校每年要从硅谷邀请很多高层企业管理人员来为学生授课，讲述他们的实际经验。另外，商学院还和斯坦福大学著名的工程学院联合授课，以满足学生更充分地了解技术发展和创业的需求。

在学生学完第一年的基础课之后，斯坦福大学一般要求学生在第二年选一个专业方向，这些专业方向包括制造业管理、小企业创建和管理、国际工商管理、保健事业管理以及公共事业管理等。目的是使学生对将来可能从事的行业有系统而深入的了解，掌握相关的理论的知识。斯坦福大学商学院在强调实际管理经验的同时，也强调对经济、金融、市场运行等理论的长期性研究，研究成果也比其他一流商学院更多一些。在过去的几十年里，斯坦福大学商学院多名教授获得了诺贝尔经济学奖。

斯坦福大学商学院共开设了 17 门创业管理课程，除了提供许多有关创业财务筹资的课程外，也非常重视创业战略以及创业环境的研究，尤其是对创业过程中各阶段、各层面的策略与操作议题，以及对产学合作、产业网络等环境方面的议题比其他院校更为重视，其开设的主要课程有"投资管理与创业财务""新兴国家中的创业家与投资环境""创业精神—创办新企业""创业精神与风险投资""营销与生产一体化设计""成长企业的管理""创业机会评估""创业战略"等。

作为著名的理工科大学，斯坦福大学非常注重应用导向和学科间的优势互补。其创业教育从创业者而非投资者的角度来规划企业个案，要求学生必须学会评估创业机会，并且结合个人能力、专业特长以及面对的外部环境，来采取具体的创业行动。比如，在教学组织形式上采取团队教学与两段式教学方式，让商学院及工学院的学生组成团队，进行市场调研与分析，激发学生的创意并促使其设计产品，进而在实验室开发、生产制造其欲推向市场的产品。这种全过程参与有助于学生探讨和处理创业过程中所涉及的议题，丰富学生创业的实际知识和技能。

二、仁斯利尔理工大学的创业教育模式

仁斯利尔理工大学是一所私立大学，商学院学生占 10% ～ 20%，其他绝大部分是理工科学生。考夫曼基金会资助的全国创业中心协会的一项研究结果表明，在美国当前创业教育最好的 9 所著名大学中仁斯利尔理工大学排名第五。1995 年，经美国国家企业孵化器协会确认，仁斯利尔理工大学孵化基地是全国大学中最好的孵化基地。《成功》杂志评选结果显示，2000 年，仁斯利尔理工大学创业教育排在全美第六位。早在 1980 年，该校就开始建立企业孵化器，1983 年，开始开发大学科技园，于 1985 年正式开设了"创业原理"课程，于 1988 年建立了创业中心。创业中心在商学院、企业孵化器、大学科技园、创业家网络以及仁斯利尔理工大学校友之间建立起广泛联系的桥梁，其主要任务是培养未来的企业领导者。这些领导者将带领他们的组织把技术、创意转化成新

的产品、工艺和系统。该校创业教育的特色是技术创业，并已探索出一套将创业教育贯穿始终的课程教学大纲。

仁斯利尔理工大学为本科生开设的创业学必修课程有四门："创业原理"课主要教学内容包括商机选择、适当的产品开发、市场目标确立以及必要资源获得等；"技术创业导论"是一门讲如何创办、发展和维持一个新企业的入门课程，它可以为分析一个商业机遇的可行性研究提供理论和实践的理论基础，也可以作为一门先修课程；"发明、创新与创业"课则是通过加深学生对于创业过程、方法的认识和理解，以激发或者管理个体和集体的创造力的课程；最后一门则是"技术创业实验"课，其目的是通过让学生亲身从事专业实践领域的工作，让学生学会如何成功地创建、发展技术型的新企业并为其筹集资金。

此外，作为创业教育的重要组成部分，仁斯利尔理工大学还做了一个外延拓展计划。该计划涉及仁斯利尔技术创业委员会、仁斯利尔企业孵化器、大学科技园、技术商业化办公室等机构以及创业计划竞赛、创业家年度庆典等活动。

三、华盛顿州立大学的创业教育模式

华盛顿州立大学的创业教育由财经学院的"企业创新研究中心"承担和实施。该中心开设的课程有"创业学""管理学原理""小企业管理""战略管理""组织行为学""生产管理""金融""市场营销""消费者行为研究""统计学"等。另外，学生还可以在经济系选择"经济学"等课程，从而可以构建出有关创办企业、经营企业的较为完备的知识体系。在这些课程中，"创业学"居于统率地位。该课程以学生树立自主创业精神为主要目的，传授创立、管理企业必需的知识和技能。

该大学的创业教育的指导思想是知识宽口径、技能讲实用、学科重综合，强调训练学生的演绎与推理思维能力，倡导建立团队精神。具体任务有：为学生和社会各界提供学历教育和业务培训，使受训对象掌握创办企业和经营管理企业所必需的各种关键技能，并为中小企业面临的各种管理问题寻求解决方法。创业创新研究中心对本科生实施的创业教育形式具有多样化的特点，既有课堂讲授，又有大量案例讨论，还经常请一些成功的中小企业创业者到学校谈自己的实践经历，以增强学生的操作实感。学生实习是教学过程中的重要环节。学校提供经费，鼓励学生走入社会进行中小企业调查，并将调研结果拿到课堂上进行演示和讨论。在考试内容中，除了课本知识占一定比例外，最重要的部分是学生必须交出一份有新意的"创业计划书"。学生在"创业计划书"中必须提出一个全新的"创意点子"以作为创业的基础，一套可行的融资计划以用于筹集创业资金，一套系统的经营管理方案以用于创业企业的发展等。创业创新研究中心鼓励学生批判基于大企业的那些静态和保守的管理理念和方法，创造自己的、适应小企业的管理理念与方法，倡导熊彼特所说的"创造性地破坏"。

第三节　国外高校创业教育经验对我国高校创业教育的启示

一、全社会要转变教育观念

美国全社会旺盛不衰的创业精神和持续不断的创业活动表明，创业已成为转变经济增长方式、缓解社会就业压力的有效途径。在全社会培养一大批具有创新精神和创业能力的高素质人才是知识经济时代的重要发展趋势，也是一国经济健康、可持续发展的最重要的基础。长期以来，我国社会传统的教育观念之一是大学生毕业面临的选择就是就业、考研、出国。大学人才培养的目标也仅局限于研究型、应用型。这严重阻碍了创业精神和创业意识的培养。而且，整个社会和家庭也缺乏对孩子创新精神与创业意识的培养教育。清华大学创业中心的调查报告显示，在创业教育上，中国的平均水平低于全球的平均水平。我国大学生创业比例不到毕业生总数的 2%，而发达国家一般占 20% ～ 30%。因此，必须尽快转变整个社会传统的教育理念，深化高校人才培养模式改革，从就业教育转向创新创业教育，树立起自主创业不仅是大学生就业的重要途径，更是大学生成才的重要途径的新理念，全面培养和提升大学生的创新创业综合素质水平和能力。

二、高校要注重以人为本，重视大学生创业基本素质的培养

以人为本是科学发展观的核心，在创业教育中坚持以人为本尤为重要。人力资源是保持竞争优势最为重要的资源，也是管理中最重要的生产要素。因此，高校必须把关心人，爱护人，尊重人和充分激发人的积极性、创造性放在首要位置，改革传统人才培养模式，结合我国实际国情，学习、借鉴国外创业教育的成功经验，以培养和提高大学生的创业基本素质为中心开展创业教育，培养大学生进行创业实践所必须具备的知识、能力和心理素质。

三、高校要注重对创业教育模式进行探索

从国外高校创业教育的实践看，其各具特色，一般都体现并密切结合其学科特点与资源优势，并不存在"理想的最佳模式"。根据考夫曼创业研究基金会的一项调查结论可知，有三个方面被反复提及：一是为了创业教育不知疲倦的倡导者；二是不仅提供建议，还提供有力支持的智囊团；三是资金。从领导体制看，许多高校的创业中心隶属于一个学术性的院系，或是同这个学术性院系有很强的联系，否则就缺乏学术支撑。不少高校的创业中心往往同其他中心或学院联合起来。这样更能体现整体实力。创业中心的工作通常由院长或副校长来负责。这样可以克服文牍主义和官僚主义。多数成功的创业中心的主任都有创业的实际经验，他们紧密依靠由创业家、教师和学生组成的团队来完成主要工作，实现预期目标。同时，在一开始，创业中心主任就应当建立一个智囊团，并充分利用校友资源，把他们当作骨干队伍、资源来源和客座讲演者。此外，较为理想的创业教育模式还应包括：创业中心得到学校学术委员会的支持，特别是得到全校其他院系教师的支持；建立起一支优秀的教师队伍，并邀请当地成功的创业家来讲学；将理论学习与实践经验、学术研究结合起来；全面考虑创业课程的全部内容，在教学前充分准备好参考资料、案例等。

四、高校要采用科学的创业教育课程设置模式

从国外知名高校创业教育的课程设置看，创业教育课程大致可分为创业意识类、创业知识类、创业能力素质类和创业实务操作类四种类型。尽管各校课程设置不尽相同，但具有一般性规律。百森商学院创业研究中心主任所做的一项研究结果表明，较为理想的课程设置模式通常是先设立 4～5 门核心课程，如"新企业创立""创业技巧和行为管理""创业财务""成长型企业管理"等课程，且应使核心课程的内容精练务实；在此基础上再根据各校特点添加一些组合课程，且应使组合课程的知识面较宽，涵盖不同类型的课程，这样可以避免学生知识面残缺。高校必须投入极大的精力把第一门课程——"新企业创立"或"启动新企业"创建成有强烈吸引力的、成功的创业学课程。这门课程主要应强调三个方面——创业者、商机和资源，并用一个创业计划将它们紧密结合起来。高校可以向各个专业开设这门课程，因为它能够引起所有学生而不只是创业学专业学生的兴趣。

五、高校应充分发挥自身资源优势

国际知名高校创业教育模式都建立在自身优势基础之上，如学术研究成果、学术带头人、硬件条件、实验室设备等优势。只基于学科专业优势和发展领域的不同而设计的创业教育模式，虽形成了各校的不同特色或风格，但对于需要培养全方位能力的人才的创业教育而言，并非都是最优的培养模式。因为在学术研究上具有崇高地位的知名大学，未必能培养出一流的创业人才或未来的企业家。如果能运用一个经过系统优化设计的创业教育框架模型作为"参照系"，来审视和"校准"个别院校课程设置的科学性和系统性，则有可能在发挥各校比较优势的基础上，使由学科倾向性造成的偏差降到最小。这对我国高校创业教育课程体系的设计无疑有重要的启迪意义。

第三章　我国高校创业教育发展概况

第一节　我国高校创业教育的发展历史

一、我国创业教育的产生

中华民族有着悠久的历史。在漫长的古代社会发展历程中，虽然没有出现专门的创业教育，但回顾整个社会历史的发展进程，仍然可以看到创业教育的影子。纵观新中国成立以前的教育发展历程，可以将其分为五个时期来把握创业教育的发展脉络。

一是奴隶社会以前。这一时期的教育直接产生于社会生产劳动和生活中，并直接为社会生产和生活服务，还没有从生产和生活中分离出来，也没有专门的教育场所和专职教育人员。但这时的教育具有明显的平等性，是为训练氏族成员生产和生活技能而进行的。这是教育的萌芽，也是创业教育的萌芽。可以说，以培养人的生产生活技能，进而培养人的创业能力的创业教育是伴随着教育的产生而产生的，也可以说，培养创业者是教育的基本职能之一。

二是夏、商、西周和春秋时期。夏朝开始，中国进入了奴隶社会时期。随着社会生产力的发展，社会阶级开始分化，脑力劳动和体力劳动有了分离的基础，教育开始分化。奴隶主阶级开始认识到教育的作用，为了统治的需要，奴隶主阶级组织了特殊的教育训练，将教育和生产生活分开，使教育成为独立的社会活动之一，专门的教育场所——学校和专职的教育人员——教师开始出现。但这种专门的教育只是统治阶级和少数贵族的特权，其主要目的在于培养和训练居于奴隶之上的统治者。多数民众，主要指从事体力劳动的老百姓，被排除在了学校之外，只能在社会生活中自觉接受教育和统治者施行的教化。而此时的教育内容主要为"六艺"（礼、乐、射、御、书、数六种技能），教育目的是使受教育者德、智、体、美多方面的发展。在当时的历史条件下，虽然统治政治文化非常突出，但也关注自然和生产生活，在教育内容上，还具有创业教育的成分。

三是战国时期。这一时期也是非常重要的时期。在这一时期，社会生产力得到大解放，思想、科学、文化繁荣发展，出现了"百家争鸣"历史盛况，产生了私学，涌现出了儒、墨、道、法、名、阴阳等诸家学派，社会科学与自然科学同步发展，精神世界与物质生活共同提高，中国社会进入了空前发展的辉煌时代。教育得到全方位的发展，创业教育也获得了发展的空间。诸子百家中的墨家开办致力于培养个体劳动者的私学，与儒、道、法、阴阳等学派相比，更注重传授生产和科学知识，教学内容包括农业、手工业、军事器械制造等方面的内容，在教学方法上更常采用的是辛勤劳作。可以说，墨家学派就是创业教育在中国古代的典型代表，也是人类历史上最早依靠教育发展生产力，推动创业的教育学派。

四是封建社会时期。在两千多年的封建社会历史中，除了秦朝以法治思想主导政治统治和汉朝初年统治者为缓和社会矛盾而尊崇道家的"清静无为"以外，从汉武帝"罢黜百家，独尊儒术"开始，儒家思想统治中国文化两千余年。在这漫长的历史时期，在以儒家思想为主导的大一统的封建社会制度背景下，生产关系不断变化，不断适应和推动着生产力的发展。虽然经历了数次朝代更迭，社会仍保持着相对稳定。在这一时期，尽管有北宋王安石的"崇尚实用"思想，明朝王廷相的"重实"教育，清朝黄宗羲、王夫之、颜元的"实学"教育等创业教育思想的萌芽，但都没有得到官方的重视，从而导致直接推动生产和生活的创业教育没有得到应有的发展。

五是资本主义萌芽和民国革命时期。鸦片战争揭开了中华民族屈辱抗争的历史帷幕，也揭开了中国教育近代化的序幕。凭借不平等条约强行设立的教会学校，在封建传统教育中加入了资本主义教育因素；在洋务运动中，不论是教会学校的扩张，洋务学堂的设立，还是留学教育的兴起，虽是在"中学为体，西学为用"的思想指导下发生的，但在一定程度上传播了资本主义文化和教育观念，冲击了传统的封建教育体制，使中国教育由以民族文化为中心的封闭型向与世界文化交流的开放型转变，改变了中国传统教育结构。教会学校的根本目的是进行宗教和文化扩张，虽严重侵犯了中国教育主权，但其传授的外语和自然科学方面知识的内容和近代的教育形式，在一定意义上促进了中国近代教育的产生和发展，促进了创业教育新芽的萌发。

在民国革命初期，创业教育获得了较大程度的发展。蔡元培、黄炎培和陶行知三位大教育家是这一时期的典型代表。在曾任民国教育部部长的蔡元培倡导的实利主义教育思想，及在该教育思潮引导下的实业教育运动，催生了中国创业教育的幼芽。他把实利主义教育当作富国的手段，主张"以人民生计为普通教育之中坚"的智育，开始开设自然科学和技术课程，重视培养学生掌握和发展实业的技能和本领，以及独立思考的能力和习惯。蔡元培的实利主义教育的主旨是发展个人的实业能力，满足资本主义生产对科学技术人才和熟练工人的需求，体现了创业教育的思想。

黄炎培继承和发展了实利主义教育，发起了中国近代史上的职业教育运动，提出"使无业者有业，使有业者乐业"的职业教育目的论。他试图通过职业教育，使每一个受教育者形成通过劳动求生的本领和能力，实现职业教育对个体生存、发展的价值。黄炎培认为只有职业教育才能使人的个性、天性和才能与职业相适应，才能发展人的个性和才能，也才能使人真正"乐业"。这也体现了创业教育必须建立在个人能力、素质和兴趣之上的思想。他还提出"社会化"的职业教育方针论，当社会需要某种人才时，就应立即办某种学校。也就是说，职业教育与社会生活紧密相连，并受社会经济发展制约，因此，必须根据社会经济发展的需求来设置职业教育课程，培养出来的学生必须能够立足社会、服务社会。黄炎培还提出"手脑并用""做学合一"的职业教育教学原则论，主张职业教育的目的在于使学生"养成实际的、有效的生产能力"，职业教育必须做到"理论与实际并行""知识与技能并重"。因此，黄炎培的职业教育思想系统而完整，鲜明地体现了面向社会、面向生活、注重实际、关心人生的教育价值观，从价值理念、教育目的、教学原则、办学方针等各方面都体现了创业教育思想。

陶行知的生活教育理论也为创业教育思想在中国的形成和发展奠定了理论基础，他提出"生活即教育""社会即学校"的思想，主张"生活教育是给生活以教育，用生活来教育，为生活向前向上的需要而教育。生活决定教育，教育通过生活才能发出力量而成为真正的教育"，主张教育要解放人的天性，在培养人的社会"生活力"的基础上激发人的"创造力"。他强调"教学做合一"，主张以做为中心、以行动为中心、以生活为中心，教师要教给学生学习方法，培养学生独立思考和独立解决问题的能力，掌握举一反三的探求本领，教是为了不教，使学生掌握学习方法，学会学习、主动学习。陶行知的生活教育理论在诸多方面都对创业教育的研究和发展产生了深刻的影响。

虽然这一时期受资本主义教育思想影响很深，涌现出一大批进步的教育家，形成了一些宝贵的进步的教育思想和教育实践经验，但是，由于军事战乱不断，社会动荡不安，国民党反动派无心顾及国家的治理、文化教育事业的建设，使得这些思想失去了生存和发展的土壤，创业教育也失去了发展的机遇。

二、我国创业教育的发展过程

新中国成立前，在中国共产党领导下的革命根据地的教育，主要服务于革命战争任务，以提高民众思想政治觉悟和干部群众参加革命斗争的文化素质为中心，教育为个人实业发展、地区经济建设服务等任务还无从谈起。新中国成立后，全国人民推翻"三座大山"获得解放，压抑了千百年的主人翁热情、创业激情，得以完全释放，开始积极投身于社会主义改造和建设中，投身于新中国的经济建设中。经过社会主义改造后的私有、民营经济归为国有，在优越的社会主义制度下，无论是在经济增长速度，还是在社会发展程度上都创造了奇迹。

到1978年，拥有8亿多人口的中国，只有城镇个体工商户14万余户，可谓沧海之一粟，无足轻重。全国上下"大锅饭"，干多干少、干好干坏结果都一样，城镇人口凭票获得生活必需品，绝大部分处在温饱线上，1亿多农村人口的口粮在每年300斤以下，徘徊于饥饿的边缘，全国人民的积极性和创造性被导入非经济甚至反经济领域，其发展生产的热情和能力严重受挫，社会生产力受到重创，国家经济遭到严重破坏。

自中共十一届三中全会召开以来，党中央做出了改革开放以及发展社会主义市场经济等一系列决定，致力于推动社会经济的发展。私有制经济制度的不断发展和完善，直接导致新的创业浪潮此起彼伏，涌现出了一大批创业者，形成了几种典型的创业类型。有以浙江万向集团鲁冠球为代表的创业者在"社队企业"基础上创办的乡镇企业，占据中国工业的半壁江山；有以浙江娃哈哈集团宗庆后为代表的不堪忍受贫困生活现状而被逼上创业道路的；有以联想集团柳传志、用友集团王文京等为代表的创业者作为国家机关和科研工作者放弃"铁饭碗"，"下海"创业，引领了中国高科技企业的潮流；也有以华为集团任正非为代表在部队转业后下海创业的创业者；也有以重庆宗申的左宗申等为代表的成功创业的个体户；还有以搜狐的张朝阳、亚信的田溯宁等为代表的出国留学生回国创业的"海归派"创业者；以及创维集团的黄宏生、海王集团的张思民等为代表的放弃外企、大企业、三资企业高薪待遇和发展前途的经理人自创企业的创业者等等。这些创业者拯救了中国企业界，是中国经济发展的中流砥柱。而此时的中国处于经济短缺、人才匮乏、百业待兴的时代，却没有形成有利于创业者健康成长的环境，许多创业者也没有能够充分具备一个创业者应该具备的综合素质，更多的创业者是出于对现实生活和工作的不满而去开创让自己向往却没有足够的心理和能力准备的事业的。三株、巨人、爱多、秦池等一大批优秀的企业，只经历了短暂的辉煌就"英年早逝"，就是这种境况的真实反映。

直到进入 20 世纪 90 年代后期，经济全球化以及以电子信息技术为核心的知识经济改变了整个世界的经济结构、社会结构以及职业结构。特别是在中国加入 WTO（世界贸易组织）以后，与国际接轨，适应世界潮流，按照通行的规则和标准调整经济结构、发展新型经济也就成为必然。中国相继出台了一系列与国际接轨和推动创业者创业的政策。这使得创业者成长和创业的环境逐渐改善。另外，社会经济的发展对人才结构不断提出新的要求，不仅仅需要具备新经济运行所需要的生产者，更需要能创造和推动新经济发展的创业者。这迫切需要教育对其做出回应。

为了适应社会经济的发展需求，我国高等教育做出了准确而快速的反应。我国高教改革的一个重要方面是取消免费提供高等教育和毕业生国家分配制度，并用交费上学和双向选择的毕业生就业制度来取代；高等教育由精英教育转向大众化教育，重心下移，使毕业生原来的国家干部身份转变为就业者。高校招生计划数取决于居民家庭送子女深造的欲望和经济承受能力以及高校的吞吐能力；高校培养人才的最直接目的由仅仅或主要满足公有制企业、事业单位和行政单位部门的需要转向提高全民的科学文化素质。这样，按照市场要求培养人才，把人才推向市场，受教育者也能够自觉地按照市场要求的人才标准以及自己的兴趣和志向选择专业，活化了人才素质结构，必然推动经济结构的多元化发展。

而大众化的高等教育同时对创业教育也提出要求。按照《中国教育标准分类》的统计口径计算，1997 年，中国高等教育毛入学率已高于世界发展中国家的平均水平。国际通行的界定标：高等教育毛入学率在 15% 以下为精英阶段、15% ～ 50% 为大众化阶段、50% 以上为普及化阶段。经过多年的连续扩招，"十五"时期我国高等教育实现了历史性跨越。2005 年，各种形式的高等教育在校生总规模已超过 2300 万人，比 2000 年增加 1071 万人；高等教育毛入学率达到 21%，比 2000 年提高了 8.5 个百分点，标志着我国高等教育跨入国际公认的大众化发展阶段。2007 年，教育部发布《国家教育事业发展"十一五"规划纲要》，指出要着力提高高等教育质量，努力增强高校创新与服务能力；高校要把教学作为中心工作，重点要放到提高质量上，着力培养学生的创新精神和创新思维，增强学生的实践能力、创造能力和就业能力、创业能力。为适应这一阶段的要求，高校必须要转变教育思想，改革人才培养模式，在教学内容、教学方法、课程设置及考试制度等方面进行探索、革新，通过开展创业教育，开发和提高学生的创业基本素质，培养和提高学生的生存能力、竞争能力和创业能力等，使其成为复合型人才，以缓解高校毕业生的就业压力，使毕业生由"求职者"转变为"创业者"。

在这种背景下，全国各地纷纷采取有效措施鼓励创业。例如，江苏省是开展创业教育最早的试点省份，从 1994 年开始选择试点院校，进行创业教育实验研究，从 1999 年开始在全省中等职业学校开设"就业与创业指导"课程，并将之作为必修课，而且将就业指导与创业教育结合起来构建课程体系，同时把创业教育同职业道德教育、日常思想政治教育及各种德育实践活动结合起来，并使其贯穿从学生入学到毕业的专业教育的全过程中，渗透到各学科的理论和实践教学中，拓展到学生的职业观、创业观、人生观、价值观、人才观和心理素质领域；另外，通过毕业生就业机制创新和政策调控，优化毕业生资源配置手段，使其由原来人力资源的简单配置转变成人才资本的复合运作，逐步形成与市场经济体制相适应的"市场产生需求、需求决定计划、计划导向发展、政府调控市场"的新的毕业生就业机制。辽宁省沈阳市于 2000 年 4 月启动的"大学生零费用创业工程"更为鼓励在校大学生走向创业之路打开了全新的思路。该项工程设立 20 万元创业基金。在校大学生的项目经组织者批准后可以在基地内自办公司，独立经营，独立核算。组织者需免费提供办公设施以及配套服务。在短短两个月内，创业基地就吸引了当地 7 所院校 38 名大学生开展 12 个项目，并有 4 个项目孵化成功，获得国内企业投资。广东省于 2003 年颁布了一系列鼓励大学生自主创业的规定，包括：凡高校毕业生自办企业的，工商行政管理部门要简化其审批手续，并给予不同程度的免税政策；对毕业生新办从事咨询、信息、技术服务的独立核算企业或经营单位，自开业之日起，免征所得税 2 年；对毕业生新办商业、物资业、对外贸易业、旅游业、仓储业、居民服务业、饮食业、教育文化事业的独立核算企业，自开业之日起，免收所得税 1 年；对毕业生新办交通运输、邮电通讯业的独立核算企业或经营单位，自开业之日起，第一年免征所得税，3 年内减半征收所得税；对毕业生创办的农业生产产前、产中、产后服务的企业，为其提供技术服务，对其劳务所得收入免征所得税。山东省共青团组织联合企业、政府等部门，采取市场化机制，推出"青春创业行动"：①联合有关部门为青年创业创造有利的政策环境，降低青年创业的门槛；②为青年创业提供资金、技术、信息等方面的支持，降低青年创业成本；③为青年创业提供培训，配备创业导师，提高青年的创业能力；④为青年创业提供跟踪服务，降低青年创业的风险。

江泽民同志在1999年全国教育工作会议上就提出：要帮助受教育者培养创业意识和创业技能；通过教育部门的努力，培养出越来越多的不同行业的创业者。尽管教育部近年来对创业教育相当重视，但到目前为止，创业教育只是在职业技术教育领域有所开展，普通高等院校中正规、系统的创业教育还远远不够，可以说国内创业教育发展尚处于初级阶段。

2011年，有关部门、地方、高校协同配合，出台了一系列创业新政策、新举措。中央有关部门认真贯彻中央领导指示精神，积极推动工作落实。人力资源和社会保障部充分发挥统筹协调作用，牵头制定有关政策，大力推进大学生创业引领计划；财政部、税务总局等部门出台了大学生自主创业减税、贷款、贴息等多项优惠政策；全国妇联牵头开展了"女大学生创业扶持行动"。各地认真贯彻国务院要求，加大政策创新和落实力度。如吉林、江苏、浙江、福建、广东、云南等地在本地区教育规划纲要及实施细则中出台了促进高校毕业生就业创业的新举措；各高校也出台了许多创造性的工作举措。例如，重庆文理学院着力建设大学生微型企业创业园和研发基地，扶持大学生创业。同时，以全国大学生自主创业工作经验交流会为契机，各地各高校创新创业工作形成新高潮。2011年，全国举办各类创业培训、大赛、讲座等活动1.4万余场，参加学生达365万余人次，共建设大学生创业基地2000余个。

三、KAB创业教育项目在我国发展迅速

KAB（意为"了解企业"）创业教育项目是国际劳工组织为培养大学生的创业意识和创业能力而专门开发的，目前已在全球三十多个国家开展。该项目通过教授有关企业和创业的基本知识和技能，帮助大学生提高创业意识和创业能力，培养有创业和创新精神的青年人才。KAB创业教育（中国）项目是共青团中央、全国青联与国际劳工组织合作的国际项目。该项目经历了一个发展过程。

（一）建立KAB创业教育试点

2005年9～11月，KAB创业教育（中国）项目第一阶段专家会议在中国青年政治学院召开，来自国际劳工组织和清华大学、北京大学、中国青年政治学院、北京航空航天大学等在京院校的有关专家出席了会议。

2006年1月，KAB创业教育（中国）项目首期讲师培训研讨会在京举行。

来自清华大学、北京大学、中国青年政治学院、北京航空航天大学、北京青年政治学院、黑龙江大学和天津工业大学共7所高校的16名教师参加了培训。

2006年5月，KAB创业教育（中国）项目专家组先后前往北京航空航天大学、天津工业大学、中国青年政治学院、北京青年政治学院、清华大学和黑龙江大学6所高校考察评估各试点院校《大学生KAB创业基础》课程的授课情况。同年8月，KAB创业教育（中国）项目2006年度总结评估会在中国青年政治学院举行，国际劳工组织项目专家和来自全国24所高校的代表参加会议。清华大学、中国青年政治学院、北京航空航天大学、黑龙江大学、天津工业大学、北京青年政治学院成为首批"大学生KAB创业教育基地"。

（二）KAB创业教育体系趋于完善

2007年3月，KAB创业教育（中国）项目测评中心正式成立，标志着我国KAB创业教育评估与质量控制体系进入正规化阶段。同年5月，KAB创业教育（中国）项目首期培训师培训研讨班在京举办，来自全国16所高校的18名教师参加培训。同年6月，KAB创业教育（中国）研究所正式成立，标志着我国KAB创业教育研究上了一个新台阶。

（三）KAB创业教育项目得到进一步推广

2007年5～8月，KAB创业教育（中国）项目第四—七期讲师培训班分别在武汉、沈阳、北京、烟台举办，分别有来自湖北省的25名教师、辽宁省的55名教师、北京的29名教师和山东省的61名教师参加了培训。2007年10月，中国青年政治学院教务处举办了KAB学生讲师培训班。来自6个院系的25名学生参加，他们用自己的行动把学到的知识传播给更多的同学。

（四）KAB创业教育项目得到进一步拓展

"青年创业教育计划"大型公益活动是由中华全国青年联合会、中国光华科技基金会共同发起的。计划在三年内，在有KAB师资的全国高校开展包括青年创业大讲堂、青年创业培训、青年创业计划大赛、青年创业基金扶持等项目。该计划的第一阶段的项目为青年创业大讲堂，旨在通过宣传创业思想、展示成功事例，使青年人树立创业思想。目前已经在北京、上海、广州等20多个城市51所高校成功举办，有原微软中国研发中心总经理张湘辉、宅急送公司董事长陈平等50多位企业家担任青年创业指导教师，为10多万大学生讲述了创业历程和感悟，受到高校师生的欢迎。

第二节　我国高校创业教育及其管理

虽然目前我国高校的创业教育得到了较快发展，接受创业教育的学生越来越多。但目前我国的创业教育还处于发展阶段，总体上还没有形成较为成熟和系统的创业教育体系。

本节主要采取问卷调查、实地考察、个人访谈及材料搜集相结合的形式对高校创业教育及及其管理现状进行调查，深入探讨分析高校创业教育和创业教育管理中存在的问题。

一、我国高校创业教育及其管理的现状调查

（一）调查的内容与方法

为了解当前我国高校创业教育及其管理现状，本次调查共设计了 3 份调查问卷：第一份是针对大学生进行的大学生创业及创业教育调查问卷，第二份是针对管理人员进行的高校创业教育管理调查问卷，第三份是针对教师进行的高校创业教育管理调查问卷。第一份调查问卷由 35 个问题组成，分为五大部分：大学生对创业的兴趣和态度；大学生创业的目的和动机；大学生对自己创业能力的评价；大学生对影响创业的原因认识；大学生对创业教育的需求和认识。第二份问卷由 23 个问题组成，主要对学校创业教育的开展和管理现状进行调查。第三份问卷由 8 个问题组成，主要对学校创业教育师资进行调查。本次调查采用问卷调查和个人访谈相结合的形式对山东大学、山东财政经大学、山东财经大学东方学院、济南工程职业技术学院的管理人员、教师、在校大学生进行了随机抽样问卷调查。本次调查共发放 700 份问卷，其中管理人员 20 份，教师 80 份，大学一、二、三、四年级学生各 150 份；有效回收 687 份，有效率为 98.1%。同时，对每所学校的有关管理人员和教师及 20 名正在从事创业的在校大学生和已经取得创业成功的毕业生就其对开展创业教育的态度进行了访谈调查。问卷结果采用 SPSS10.0 统计软件进行处理，并对统计数据进行分析讨论。

（二）调查的结果及分析

1. 大学生对创业的兴趣和态度

调查发现，被调查的大学生大部分都有创业的冲动和梦想，都有一定的创业打算，78% 的学生对创业抱有浓厚的兴趣，但是毕业后想创业的学生比率并

不是很高。据统计，被调查的 600 名在校大学生中仅有 17.5% 的学生"毕业以后有创业打算"。

2. 大学生创业的目的和动机

调查结果表明，选择"展示自我价值和才能"的学生占 40.8%，说明更多的学生把自我实现作为创业的目的和动机，反映出当代大学生的目标追求和年轻气盛、血气方刚的特点。

3. 大学生对自己创业能力的评价

尽管多数大学生有着强烈的创业愿望和兴趣，但在评价自己的创业能力时，83% 的大学生都对自己的创业能力评价一般，缺乏信心。在回答"如果让你经营一家企业，你感觉能胜任吗？"这一问题时，58% 的学生感到迷茫，没有把握。

4. 大学生对影响创业的原因认识

当问及大学生"如果你想创业，你认为最大的问题是什么？"时，38% 的学生认为是资金缺乏，31% 的学生认为是经验缺乏，26% 的学生认为是能力不足。因此，大学生之所以出现创业意识较强，积极渴望创业，但又不敢轻易走上创业之路的客观原因是创业资金缺乏，主观原因是创业经验和能力不足。

5. 大学生对创业教育的需求和认识

调查结果显示，65.5% 的学生对"创业教育"一词感到陌生，很难把创业跟教育联系起来。在问及"你认为学校有必要进行创业教育吗？"时，85.7% 的学生认为有必要，渴望高校开设创业教育课程，渴望接受创业教育。

6. 高校的创业教育及其管理水平

被调查高校普遍存在着对创业教育缺乏认识、不够重视，创业教育管理水平较低的现象。

7. 创业教育的师资

被调查高校严重缺乏专门的具有创业知识和创业经验的创业教育专业师资。

8. 对创业成功和失败大学生进行的访谈的结果

对正在进行创业的在校大学生和已经取得创业成功的毕业生进行的访谈的结果显示：绝大多数成功的创业者都认为在大学阶段开展创业教育、激发创业潜能、培养创业能力是非常必要的，同时受教育的程度对创业有重要的影响，个人的价值观对职业选择及其创业能力、创新精神有重要的影响。此外，受访者认为需要在大学阶段开设经济学、管理学、财务营销学和法律课程等。

对创业失败的学生访谈结果显示：在一些大学生创业者中，大学生对创业的认识肤浅，创业知识、经验、意识、能力欠缺，创业前计划不明、资源不足、仓促上阵，创办企业过于集中于某个领域，在创业过程中急功近利、知难而退、用心不专、管理知识缺乏、创业团队缺乏战斗力、技术不成熟，创业后好大喜功、管理失调、缺乏创新，最终导致他们创业失败。

9.大学生创业失败的原因分析

大学生创业失败的原因是多方面的，有家长的原因，政府政策的原因，也有社会环境及舆论的原因，但最主要的是大学生本人原因和高校原因。当代大学生大多是独生子女，自我中心倾向明显，心理素质不强，难以承受创业的失败和挫折。这是导致创业失败的群体性格特征。同时，高校教育对大学生的创业教育重视不够，创业素质的培养未形成一个有机的整体，缺乏对学生创业的指导和帮助。被调查者一致认为作为培养大学生摇篮的高校，应主动适应大学生自主创业这一新形势，加强和改革大学生的创业教育，提高创业教育管理水平，重视大学生的创业意识和创业能力的培养。

从以上调查结果中可以看出，高校创业教育还没有形成一个完备的教学模式和完整的教育体系。

二、我国高校创业教育及其管理中存在的主要问题

笔者基于调查结果，深入分析高校创业教育及其管理中存在的制度和机制缺陷，进而反观并探讨高校创业教育及其管理中现存的主要问题。

（一）创业教育理念淡薄，创业教育思想的渗透性较差

一些高校没有正确传统的办学定位和服务定位，没有形成鲜明的教育特色。大多数高校沿用传统的办学模式，以学科体系为中心，注重知识的系统性和整体性，面对日益严峻的就业形势，制定的教育目标仍倾向于培养与社会岗位相吻合、适应的"就业者"，而不是社会岗位的创造者，创业教育仍处于边缘化状态。传统的管理教育侧重于在现存大企业中开展管理工作所需要的知识和技能的教育，向学生传授大量分析问题思路和解决问题程序。这些思路和程序可以使管理问题简单化并用保守的规避风险的方式来运用这些理论和分析方法。高校教育没有充分发挥创业教育的功能，在一定程度上扼杀了学生的创业精神，忽视了对学生实践能力和创新能力的培养，没有根据学生的特点和办学定

位积极引入创业教育的理念，在教学科目设置上不能很好地体现创业教育思想。另外，有些任课教师难以将创业教育渗透到各学科的教学中，导致培养出的学生缺乏创新创业意识，在激烈的社会竞争中没有较强优势。

（二）创业教育的目标不明确

创业教育的本质是一种素质教育。平时人们一说起创业教育，往往就会想到个体户。这是中国创业教育面临的最大障碍。当前的创业教育只停留在创业的实务层面上，没有上升到理论指导层面，没有把创业教育目标当作一种新的教育目标。创业教育的目标和任务缺乏条理、不明晰。创业是一种思考和行为方式，而并非只是开办一家企业，它强调把握机会，善用资源，承担风险和创造价值，注重机会、资源和团队之间的动态平衡。创业行为普遍存在于各种组织和各种经营活动中。利用创业精神开展工作是取得成绩和进步的前提。而创业精神是企业发展的主导和灵魂，是推动社会经济发展的中坚力量。我国最为稀缺的资源正是创业家和创业家的创新精神。因此，创业教育的目标应是重点培养学生的创业精神与创业意识。

（三）创业教育课程体系不完善，课程设置不合理

当前，多数高校虽然开展了一定的创业教育。但是高校实施的创业教育内容一般都不够充实。相当一部分高校的创业教育没有实际内容、流于形式，也只是举办些创业讲座，开展一些与创业有关的活动，只是把创业课程当作就业指导课程中的一部分，没有将创业课程纳入教学计划中，没有将创业教育真正作为一门学科，更没有把它作为一门专业去开设研究；设置的创业教育课程较少，并且没有系统性，类型单一、设置课程的门数较少、教学时间分配不合理、教学方式不灵活，只是象征性地开设几门选修课；侧重学科课程，而忽视活动课程和环境课程的设置；严重缺乏创业教育教材及案例，大学生创业教育的教程没有系统性；鲜有关于大学生创业的理论和实践教程，创业教育课程缺乏生机和活力，尚未建立完善的创业教育课程体系。

总之，目前高校开展的创业教育距正规化、学科化还有一定差距，而且创业教育的学科化、体系化就更缺乏切实有效的制度设计。这就导致很多大学生在大学期间尽管接受了一些创业教育或创业训练，但一旦进行创业实践，在创业意识、创业素质和创业能力方面仍然存在重大不足。

（四）创业教育师资匮乏

我国创业教育起步较晚，以及创业教育内容涉及多学科、多种能力和较强

的技术性等多种因素，使得这门学科对教师综合素质的较高要求和目前创业教育师资队伍力量薄弱的现实情况之间的矛盾尤为突出。师资力量薄弱影响了创业教育的开展。高校里的创业教育教师大多缺乏创业经验或体验，在教学中很难做到理论联系实际。师资水平不高严重影响了创业教育的质量。

目前，高校严重缺乏专门的具有创业知识和创业经验或体验的创业教育专业师资，即使有，也多是半路出家。具有创业经历的名师是凤毛麟角。大多数教师在只接受了短期的相关知识培训学习后就为学生授课，往往只重理论讲解，缺乏实际经验，将创业教育课程化、学术化，不能真正培养学生的创业意识和能力。而师资力量是制约学校创业教育向深层次发展的瓶颈。

目前我国高校也缺少"双师"（既有丰富的专业理论知识，又有实践经验的工程师、经济师、律师……）型教师。"双师"型教师能够同时驾驭创业教育理论课和实践课，是把创业教育落到实处的真正力量。创业教育对"双师"型教师要求高于其他类型教师。而我国社会和大学脱节的现状是导致这样的教师匮乏不接的直接原因。

我国高校还缺少精通创业教育的学科、专业带头人。创业教育薄弱的基础和并不浓厚的发展氛围使创业教育的研究相对缓慢，使得专精的学科、专业带头人严重缺乏。

创业教育师资匮乏还与教师从事创业教学的积极性不高有关系。其原因主要有：一是这门课还处于摸着石头过河的情况下，没有现成的教材，没有可借鉴的经验；二是这门课程即使开起来了，学时也不会很多，这就涉及教师的切身利益问题；三是讲课的难度很大，因为创业教育方面的课程是实践性很强的，而大多数教师本身缺乏创业的经历，也只能纸上谈兵。

（五）创业教育机构不健全

大学生创业教育尚未真正进入高校决策者的工作视野，开展创业教育的氛围尚未形成，创业教育未受到足够的重视。目前，大学生创业教育多数归口到团委或者就业指导中心管理，并被作为促进大学生就业的辅助渠道。有的大学虽然建立了大学生创业指导中心，不过，只是停留在对大学生创业团队在创业过程的关心和支持方面，比如，鼓励学生自办公司、开展创业计划竞赛等。这些虽然在一定程度上帮助大学生提高了自身的创业能力，但不可能从根本上解决问题。大学生创业教育尚未被真正纳入学校办学的核心指标体系中，实现与学科建设、专业设置、教材改革、教学模式改革、教学评价体系的联结与互动，缺乏专门的创业教育管理和研究机构。

（六）创业教育的实施存在误区，实施规程不完善

目前高校创业教育实施的误区主要集中在创业教育的功能定位上，将创业教育局限于创业实务层面，热衷于组织学生参与"创业计划大赛"和创业设计活动，设立创业中心等。在创业教育的实施措施上，创业教育与专业教育"两张皮"没有融合于学校整体育人的体系之中，国内的创业教育仅仅为毕业生的"就业"服务。这种缺乏系统性的创业教育是较难获得理想效果的。

创业教育作为一项系统工程，必须被纳入学校整体的育人体系中。高校应通过创业教育过程来培养学生的创业观念和创业思维，使其掌握创业知识和创业技能，提高其综合素质，为其将来的创业成功奠定基础。从这个意义上说，创业教育应该是素质教育的一种形式，是大学素质教育的重要而不可或缺的组成部分。但实际上，我国大学目前实施的创业教育内容很单薄，导致目前实施的创业教育根本不能被称为正规教育，与学科和专业教育缺乏有机联系和结合。这也在很大程度上影响和制约了高校正在大力实施的大学生创业教育的实际效果。

第四章　高校创业教育模式的构建

在国家的经济体制、科学技术体制、教育思想观念与教育体制进行重大变革的背景下，高校为了适应这种重大的变革，应该进行全校性的人才培养模式改革。我国现阶段就业和再就业问题日趋严重。因此，高校实施大学生创业教育，培养一大批具有创新意识和创新能力的创业型人才，以创业促进就业，缓解日益激化的就业问题已迫在眉睫。

许多大学生创业的失败也使我们从另一个侧面看到当前教育教学及其管理方面存在的弊端。高校由于课程内容陈旧、专业面狭窄、教学方法单一，缺少调动学生积极性的机制，存在各方面管理不够灵活等问题。也就是说，我们当前的高等教育几乎没有向大学生提供创业方面的知识和创业实践的机会与条件。这是导致大学生创业失败的主要原因。目前，国家就业形势、招生政策的变化使高校的未来发展面临新的严峻挑战。高校应该以社会需要为参照基准，首先优化学校的专业总体结构，重新定位其培养目标、设计其培养规格、制订其培养方案、选择其培养途径。高校的创业教育要体现在学校的办学理念、培养方案、课程设置、教学大纲、管理制度等一系列教育教学思想、文件及行为之中，渗透到各学科、各专业以及课堂教学、实验、实习、考试、毕业设计等各个教学环节中。

创业教育应该贯穿于学生的整个学习生涯，也需要得到各级政府、社会各界的大力支持。而高校更是创业教育的主体，要着力强化开展创业教育的普遍性、广泛性、规范化、系统化，形成创业教育的完整体系。

第一节 教育理念的更新和教育目标的调整

一、创业教育理念的更新

（一）全面发展是创业教育的方向要求

全面发展是马克思主义关于人的全面发展理论的主旨思想，理应成为创业教育的指导方针。大学生是一个完整的生命主体，是一个有多方面需求的个体。针对这一情况，创业教育要吸收专业教育和素质教育内容，确保大学生身体素质和心理素质的全面发展，确保大学生物质生活和精神生活的全面发展，确保世界观、人生观、价值观的全面发展。高校应结合创业教育实际，在确保大学生能够积极应对职业需求、劳动变换、人员流动和工作受挫的前提下，重点培养大学生的创新能力和实践能力、创业意识和创业本领，完善创业知识结构，着力开发大学生的智商和情商。

（二）主体性发展是创业教育的本质要求

主体性发展是指人在与客体相互作用的过程中应具有的能动性发展。这种能动性发展主要表现在两个方面：一是人对自然、社会的认识、利用和改造方面，表现为人的主动性、自主性、选择性和创造性发展；二是人在自然和社会责任方面，表现为人的道德性、理智性和自觉性发展。在物质生活和精神生活都得到极大改善的今天，大学生对自身主体性产生了极为迫切的诉求。创业教育就是把大学生培养成为社会实践能动的主体，尊重大学生的人格、主体地位和参与原则，最大限度地发展学生的道德性、主动性、自觉性和创造性，培养大学生对知识、问题主动思考的质疑态度和批判精神，并引导学生运用所学的知识，解决实际问题，使其了解和掌握创业规律和特点，有效提升创业主体所具备的综合素质。

（三）创新性发展是创业教育的特征要求

创新性发展是创业教育的时代命题、前进课题和现实问题，也是高校实现又好又快发展的一个前提条件。创新性发展源于创业教育多样的教育体系、教育机制和教育平台，主要体现在：第一，结合新经济增长的智力支撑特点，体现时代要求，体现中华民族伟大复兴对未来人才的要求，建立起教育紧紧沟通社会与经济的教学纽带，建立起人才从单一型向复合型、从职业型向社会型、从传承型向创新型、从从业型向创业型转换的培养渠道，丰富创新性发展体系；第二，结合学分制、休学制、转学制等弹性学制与创业教育配套的教育政策，解决好创业课程与创业实践、孵化基地与经济实体之间的关系，建立有利于创新创业人才脱颖而出的教育制度，开辟创新性发展机制；第三，结合学校产学研过程，利用社会课堂、视频教学、远程教育等诸多手段，扶植一批品牌创业项目，产生科技创新吸引力，以扶持意识和竞争意识形成创新原动力，搭建创新性发展平台。

（四）个性化发展是创业教育的内在要求

个性化发展不是德、智、体、美、劳诸方面均衡地发展．而是某一方面或几个方面的突出发展，个性化发展就是对人的才能及精神的拓展和解放，是对人的天赋、爱好、秉性及风格的拓展和解放。创业教育可以采取以下途径实现大学生的个性化发展。一是教学内容要充分体现前瞻性、开放性、实践性和实用性，涵盖策略、技巧、模式、方法和手段，教学形式要为大学生所欢迎，为大学生所接受。二是课程设计要紧紧结合社会需求和经济建设，凡是社会需求和经济建设中急需的新知识、新技术、新工艺和新方法，都应当有效融入创业教育课程体系之中。三是创业课堂可以在教室，也可以在孵化基地，可以在企业，还可以在人才、劳务市场。授课教师要注重学生接受教育的过程和结果，不要拘泥于教学计划和形式。四是创业教育师生身份可以相互模拟转换。师生关系有时可以是师徒关系，有时可以是业主与雇工的关系，有时也可以是法人代表与员工的关系，有时还可以是债权人与债务人的关系。这些方法的采用和落实，能够极大地促进大学生个性化行为的生成。

（五）价值性发展是创业教育的目标要求

价值性发展的核心是社会价值发展和物质价值发展。就社会价值发展而言，创业教育应充分利用现代文明进步所赋予的一切教育手段，整合社会力量和资源，抢占马克思主义信仰教育和社会主义核心价值观教育的制高点，突出理论武装的重要地位，着力扩展创业教育的社会观、价值观和发展观，培育大学生全新的生存理念；就物质价值发展而言，创业教育应引导大学生把个人的命运同国家的命运紧密联系在一起，到祖国需要的地方去创业，到工农群众中去寻求发展，积极投入火热的社会实践中，努力成为创新型国家的建设者、物质财富的创造者、自我价值的实现者。

（六）和谐性发展是创业教育的理性要求

创业教育是创造事业的教育。成功的事业的标志包括理想道德的积极向上、精神生活的健康愉悦和自然社会的和谐统一。围绕创业教育的理性要求，和谐性发展包括以下三方面。一是理想道德的和谐发展。这一和谐发展要求大学生自觉把自己的理想落脚在为社会主义服务和为人民服务上，自觉把自身道德落脚在社会主流价值观和社会主义核心价值观上。二是精神生活的和谐发展。这一和谐发展要求大学生在德与智、知识与能力、素质与职能、心理与生理方面和谐发展。精神生活的和谐性发展是社会发展的基础和条件，也是大学生追求更高生活质量的基础和条件。三是自然社会的和谐发展。这一和谐发展构成了社会进步的重要力量，要求大学生接触自然，认识自然，了解社会，理解社会，实现从心理到思想再到行动上的真正融入。

二、教育目标的调整

我国传统的应试教育存在脱离社会、脱离实际的问题，例如，部分高校培养出来的学生不能满足社会发展对人才的需求，并且存在着专业设置过窄、人文教育不受重视（尤其是理工科院校）、教学内容陈旧、教学方法手段落后、教学模式单一等弊端。这样的教育体系对人的发展具有极强的约束性及对文化多元发展的窒息性，培养出来的人才保守，缺乏创新精神和创业能力，难以适应复杂多变的社会生活和难以预测的外部环境。

因此，高校要转变教育的观念，确立以创业素质教育为核心的教育观。学校教育不等于职前岗位培训，它给学生提供的是一个走向社会的起点，而不是终点。高校要摒弃专业对口的静态就业观，确立就业就是不断创业的动态过程的人才观。对大学生进行创业教育，培养具有创新精神和创造、创业能力的高素质人才是当前高校的重要任务。高校应改革传统的人才培养模式，转变单一人才观为复合通用人才观。现代社会所青睐的人才不再是专业定向、意识定态、思维定式、技能定型的人，而是拥有多种证书，具备坚实专业基础、敢于独立创新等素质潜能的人。

传统的教育培养出的学生普遍存在着理论水平高、动手能力弱、创新意识淡薄等问题。这极不符合现代社会快速发展对人才的要求。现代的教育要适应现代社会的发展，就必须改变原有的旧模式，确立全新的教育理念，关键要实现以下转变：由精英教育向大众教育转变；由培养专才向培养通才转变；由封闭教育向开放教育转变；由应试教育向素质教育转变；等等。

高等教育应该是一种理念教育、素质教育，它不仅仅应传授专业知识和专业技能，更应该传播一种生存和创造理念，培养学生的生存素质和创业素质。过去，我国高等教育的培养目标比较强调学生的知识的掌握和技能的训练，强调人才对现实社会的被动适应，较少考虑如何充分发挥学生的主观能动性和创造潜能。这在劳动力供不应求的社会条件下，对维护社会的稳定，促进社会的发展是有益的。但是，一旦劳动力供过于求，这样的培养目标的优越性就难以体现出来。在目前就业形势日趋严峻的情况下，高等教育要深化人才培养模式改革，着力提高学生的创新创业能力。

高校的各级领导要把大学生创业教育作为高等教育改革、提升办学质量的重要载体来抓，将之纳入年度和中长期的发展规划中去，进一步明确大学生创业教育的使命和地位；要进一步统一思想，在高校营造人人重视创业教育，人人贯彻、执行创业教育理念的良好氛围，凝聚起高校推广创业教育的合力。

高等教育质量工程的实施，要求转变教育思想观念，创新人才培养模式，为国家和社会培养高素质的创新型人才。高校应通过开展教育思想观念的研讨活动，从而树立正确的质量观，开始重视、支持开展创业教育，认识到创业教育对学校事业建设发展的重要性和必要性，真正把创业教育提到学校事业发展的议事日程上来，摒弃不利于创业教育开展的"怕、等、瞧"等思想观念，由培养就业型人才向培养创业型人才转变，扎扎实实地把创业教育开展好，培养创新创业人才。

从某种意义上说，高校的创业教育可以说是大学生创业能力培养机制构建的基础。大学生创业能力培养机制的形成，有赖于高校创业教育的实施。而高校创业教育的实施，首先要求高校转变教育理念。我国的高等教育一直以学科体系为中心，注重知识的系统灌输，高等教育的培养目标更大程度上是培养适应我国社会经济发展所需的就业者。随着终身教育理念的广泛传播及世界范围内的劳动力就业市场的不断变化，终身性职业时代已逐渐消退，科技发展对人力的替代作用已使更多的受过高等教育的人并不能成功就业。因而，我国高校应积极引入创业教育的理念，从教学目标到教学内容都应跳出学科体系的樊篱，在进行系统的专业知识传授的同时更应注重对学生实践能力及创新能力的培养。高校应通过有效的教育使学生具备敢于创造、不畏艰难、把握机会、勇于创业的品质及实践操作技能；通过有效的创业知识及技能培养使学生具备自我发觉商机及就业机会的能力，从而更好地适应社会职业环境的变化，从"就业者"转变为"创业者"。要转变学生的就业观念，高校就要做到"三破三立"，即破除学生等待安置的旧观念，使学生树立自主创业的新观念；破除学生一业而终的旧观念，使学生树立从事多职的新观念；破除学生安于现状的旧观念，使学生树立开拓进取的新观念；另外，要让学生认识到创业是实现远大理想、开创辉煌人生的一条重要途径，是社会进步和发展的需要。

创业教育从根本上讲是一种创新教育，注重创业精神和创业能力的培养。创业教育不只是教育内容的更新、教育方法和手段的变革，而且是教育功能的重新定位，因而是具有全局性、结构性的教育改革和发展，是教育领域里一种全新的价值追求。创业教育的实质是在挖掘人类的最高本质的基础上，把创造力的开发作为根本功能的一种全新教育理念和教育行为。

第二节　创业教育组织的完善

目前，大学生创业教育尚未真正进入绝大多数高校决策者的日常工作视野，开展创业教育的氛围也尚未形成。在我国绝大多数高校中，大学生创业教育仍然归口到团委或者就业指导中心管理，成为促进大学生就业的辅助渠道之一。大学生创业教育尚未被真正纳入高校办学的核心指标体系中，实现与学科建设、专业设置、教材改革、教学模式改革、教学评价体系的联结与互动，缺乏专门的创业教育管理机构。

美国高校的创业教育组织机构形式是多种多样的，除了创业教育中心、创业研究中心、创业中心外，还有一些其他组织机构，如创业家学会、智囊团、创业研究会等。创业教育中心主要负责开设创业教学课程、制订教学计划。创业家学会一般由比较杰出的企业家组成，例如，百森商学院的创业家学会的成员还包括麦当劳的总裁、数字化设备公司的总裁等人。让这些企业家分享他们创业的经验，可以激发学生的创业激情。智囊团也是美国创业教育中一个很重要的组织结构，一般由公司的董事长和首席执行官组成，每年定期举行两次会议，可以起到咨询与加强外部联系的作用。

基于我国目前创业教育组织现状，我国高校可以借鉴和参考美国高校的创业教育组织机构的形式，来完善创业教育组织。

一、成立高校创业教育领导小组

高校树立了明确的创业教育思想后，要建立健全大学生创业教育的保障机制，进一步加强对大学生创业教育的组织领导，要建立有力的创业教育领导组织体系，确保创业教育落到实处。高校应成立由学校党政领导、督学、有关职能部门及各教学单位负责人组成的全校创业教育领导小组，负责领导、协调全校创业教育工作，对推进创业教育中牵涉全局的规划、政策、表彰等重大事宜负有决策权力，负责对全校创业教育工作和下级创业教育组织或团体进行宏观管理和监控，为大学生创业教育提供强有力的组织保障。创业教育领导班子应结合学校自身的定位和未来发展的战略取向，优化创业教育的政策环境，将学校人才培养目标定位为"创新＋创业"；通过狠抓培训、服务、激励等各个环节，强化大学生创业意识，提高大学生创业能力；搭建大学生创业平台，支持大学生创业活动；培育大学生创业典型，丰富大学生创业文化。

二、成立创业与创业教育研究中心

高校也应成立创业与创业教育研究中心，建立一支稳定的创业教学科研教师队伍。一个创业与创业教育研究中心可以由专职教师与兼职教师组成。高校应根据教学需要确定教师的数量。比如：百森商学院有8名全职创业教师，还有4名助理教师和5名全职职员；贝勒大学有4名全职创业教师，还有2名助理教师、5名全职职员、2名创业研究员。创业与创业教育研究中心是主要负责开设创业教学课程、制订教学计划、进行创业与创业教育的学术研究机构，负责组织申报各类创业与创业教育研究课题，定期组织召开创业与创业教育学术研究会议，创办创业学专业期刊，并积极组织开展创业与创业教育论坛活动，为创业和创业教育的理论研究和交流提供园地。

三、成立大学生创业指导服务中心

高校大学生创业指导服务中心是高校促进校企文化结合，扶持大学生创业的机构，负责宣传大学生创业政策和信息、普及创业教育、开展创业指导和专题讲座、推广成功创业者的经验，以及创业社团的管理工作。

大学生创业指导服务中心是推动创业教育发展的一个重要运作机构。首先，它负责对学生进行创业指导，开展以实际案例为主的创业知识教学，或对咨询的学生进行个别指导，从而帮助学生解决其在创业过程中遇到的诸如融资、财务管理、知识产权的评估、资本运作、收购兼并等方面的问题，并创立创业网站，扩大受益面。其次，对学生进行创业能力训练。它利用校办企业或创业基地开展训练，通过制订创业计划、创建公司、获取创业资源、制定企业战略等实训主题，组织以学生自身体验为主的活动，或者以模拟仿真为主的实战训练。再次，将学生直接引入创业的环境。为学生提供与成功企业家、政府官员、风险投资人、知识产权律师直接对话的机会，为学生牵线搭桥，依托企业实施创业。最后，大学生创业指导服务中心还负责与社会建立广泛的外部联系网络，包括各种孵化器和科技园、风险投资机构、创业培训机构、创业资质评定机构、小企业开发中心、创业者校友联合会、创业者协会等，形成一个高校、社区、企业良性互动式发展的创业教育生态系统。

第三节　高校创业人才培养模式的改革

一、重视引进和培养创业教育师资

高校可以引进创业型人才，如企业家、管理者、投资家等，将其作为兼职教师来充实教师队伍，让其对本校的创业教育加以指导，与其开展交流与合作，使学生更快更好地接触到最新的经济管理的理论和方法，激发学生的创新欲望、提高其创新能力，增加学生直接经验，使其以后在社会创业时少走弯路。美国百森商学院开展的"创业师资研习班"被公认为在创业教学领域独占鳌头的项目。据了解，该项目要求每位教授都必须带一位有志于从事创业教育的企业家来参加。因此，通过与一些企业单位建立合作关系，把创业者和各类社会创业资源引入高校，以实战企业家的授课或讲座等形式，让学生更深刻地理解和感受创业精神、责任心、创业激情等是很有必要的。这种多元化的师资队伍才能为创业教育的实施提供保障。

1. 组建从事创业与创业教育研究的教师队伍

高校要建立专职进行创业与创业教育研究的教师队伍，以加强对创业与创业教育理论的研究。这支教师队伍应研究高校创业教育现状、存在的问题及对策；探求高校创业教育发展规律及趋势；为高校创业教育教学改革、学科发展和更好地实施创业教育提供具有科学性、前瞻性和开创性的理论根据；研究求职者就业规律和自主创业规律，研究就业形势和就业创业政策，研究就业创业方法、技巧；研究创业者素质结构及整理成功创业者的案例，尽快形成创业教育科学理论体系，编撰出科学、实用的创业教育教材。

2. 组建承担创业教育课程教学任务的教师队伍

高校创业教育的推进，离不开课程教学。这就需要建立一支创业教育教学教师队伍。它应由经济管理类专家、工程技术类专家、政府经济部门专家、成功企业家、孵化器的管理专家和风险投资家等人员构成。

3.组建指导学生创业实践的教师队伍

创业实践是推进创业教育的重要载体。建立指导学生创业实践的教师队伍就是建立"创业导师"队伍,以便为学生创业提供技能和经验方面的支持,指导学生的创业实践。

（二）加强师资培训，提高教师素质

创业教育离不开高素质的师资队伍。因此,高校必须把选拔与培养创业教育的优质师资提到重要议事日程上来。创业教育首先对教师提出了新的要求,要求教师具备一定的创业经验或体验、创业知识和创业技能。加强创业教育师资培训、大力提升教师的创业教育素质是推进创业教育向深层次发展的核心所在。高校要注重培养教师的创新意识、实践能力,组织他们深入研究增强学生创业意识、提升其创业能力的方法及途径,使师资队伍从目前的知识型、传授型向智能型、创新型、全面型转变。为了达到这个目标,一方面,高校应鼓励和选派教师走进企业进行实践,或自主创办企业,提高其理论与实践相结合的水平、教学与实务相结合的水平,从而提升教师创业教育能力。很多美国大学商学院的教授都曾有过创业的经历,并担任过或现在仍然担任一些企业的外部董事。这使得他们对创业领域的实践、发展趋势及社会需求变化有良好的洞察力。另一方面,要积极开展丰富多彩的创新创业实践活动,加强国际国内创新创业领域的学术交流、研讨和科学研究,努力培养和造就一支高水平的创业教育师资队伍;与此同时,要对教师进行系统的专门化培训,使之学习和掌握有关创业教育的教学知识;定期、不定期地举办案例示范教学或研讨会,推动创业教育经验交流,从而有效地提高教师创业教育水平。

（三）加强师资队伍管理模式的动力机制建设

高校应加强教师职业道德教育,增强教师对创业教育工作的积极性和责任感。①要组织各种教师培训活动,宣传创业教育对于大学生成才的重要意义,培养教师从事创业工作的责任意识。②充分利用广播、网络、院报橱窗、横幅、宣传栏等多种工具,营造就业指导氛围,从而加强全校师生对创业教育的认同感,增强教师工作的荣誉感。③校领导应积极参与创业教育工作,调动教师们的工作热情。④创业教育教师的工作量计算,也要根据创业教育的特点和相关规定,将专题讲座、指导学生创业实践、参与创业咨询等工作折算成教学工作量;同时,在绩效评估方面,要明确教学质量管理组织结构,制定主要教学环节质量标准和教学管理制度,完善教学质量反馈信息处理系统和教学质量保障体系分析系统，建立人才培养质量控制模型。⑤应倡导教师把教学水平和创业实践水平二者联系起来，以充分发挥教师在大学生创业能力培养机制中的主导作用和指导作用。⑥应加强对教师的创业教育能力的考查，把学术能力与创业教育能力结合起来进行教学评价，杜绝"纯学术学者"的出现，使师资队伍从目前的知识型、传授型向智能型、创新型、全面型转化。

四、积极探索适合创业教育的教学方法和手段

在创业教育的教学过程中，高校应摒弃教师中心、教材中心和课堂中心的传统教学观，把自主性学习和探究性学习结合起来，推动创新性人才的培养。构建自主、研究和探索性学习的平台，不仅要求更新教学内容，而且要求创新教学方式、方法、手段等。

高校在创业教育的课程组织形式上，可以采用管理对抗赛、案例研讨、专题文献阅读、创业成功人士与教师课程讲授等形式；在课程设计上，应避免学术性僵化的弊端，强调课程的灵活性和可操作性，不宜使课程结构过分结构化，要让学生在更多的不确定的环境下，分析环境变化的趋势和问题存在的原因，并提出与环境协调发展的最佳解决方案。

另外，在创业教育教学和手段上，高校除了要把传统灌输式的教学方法转变为启发式、讨论式、研究式的教学方法外，更要探索能够充分调动学生参与的有利于激发其创新欲望的教学方法。在这方面，可以借鉴大学生 KAB 创业教育（中国）项目的教学方法。创业教育课程实行小班授课制，采用全新的互动教学方式，包括理论知识知识讲授、游戏、演示、举办讲座、咨询、参观等方式。在授课期间，高校邀请企业家和创业者来校做讲座，并组织学生深入企业参观了解企业的运作模式等相关情况。该课程突出以学生为中心的教学思想，体现出重视学生参与的特点，主要以鼓励、引导学生主动思考、亲身体验为主，采用学生自我测试、课堂演示、小组活动、案例分析、头脑风暴、嘉宾访谈、商业游戏等多种形式，提升学生的实践效果。

总之，创业教学强调创业精神的培养。创业精神的培养则重视发散性的思维的拓展。而思想碰撞就是拓展发散性思维的捷径。在创业教育中，营造学术研讨会这样的课堂环境和氛围，适当抛出有价值的议题，鼓励学生勇敢发言，相互辩论，有助于学生间的思想发生碰撞，也有助于增强其自信心。

五、开展形式多样的创业训练

大学生课外科技活动是创业教育的有效途径之一。高校可以通过开展"创业计划"竞赛活动，举办"创业沙龙""创业论坛""创业俱乐部"活动，开办创业教育课讲座和创业知识培训班，举办创业知识研讨会、历届毕业生创业情况报告会、社会创业形势分析会等；也可结合专业特点，开展模拟股市竞赛、商务谈判大赛、广告策划大赛、公共活动的设计大赛等活动；还可常年举办科技和创业计划竞赛，并积极参加全省、全国"挑战杯"竞赛。这些活动对于大学生培养创业意识，提高创业素质，积累创业知识和经验具有十分重要的意义。

六、丰富创业课程考核形式，创新评价机制

在评价机制上，高校要创新传统的单一的闭卷考试方式，建立多样和灵活的评价机制，就要做到笔试、口试、实操等方式，以提交的企业调查报告、创业计划书、商业策划书等作为评价内容，让学生、教师、专家、企业界人士进行考评，成立专门的考试考查管理机构，对学生的创业综合能力进行客观全面评价。创业教育的考试考核应当既考理论又考实践，且应以实践为主；既有口试又有笔试，有的专业应以口试为主。高校无论采取何种考核的形式，都要以职业技能和能力标准为依据，制定严格的考核制度，积极推行职业证书制，把实践考核与职业技能鉴定有机地结合起来，为学生毕业后创业提供一个较好的技能基础。只有这样，才能为学生创造更宽松、自主、开放的创业教育空间。

另外，高校还应建立科学有效的评价机制，来检验创业教育效果。一方面可以对创业教育本身进行客观评价，另一方面，也可以通过评价信息的反馈情况来改进和优化创业教育。传统的教育评价是通过考试这一手段来实施的，它的评价重点为学生对知识的记忆，而创业教育要求在评价时侧重于知识的应用。目前的考试形式显然不能满足创业教育的评价需要。因此，在创业教育过程中，积极推行以大学生的创业素质为测评重点内容的评价机制是培养创业型人才、引导创业教育向健康方向发展的重要举措。以大学生创业素质为测评重点内容的评价机制是以学生运用已有知识解决问题的能力为评价对象，以所创的"业绩"为指标构成的测评机制。它的测评考核方法既包括书面的考核，又包括对学生实践操作能力的检验。首先，书面的考核可以借鉴目前公务员考试中的"行

政职业能力测验"，应着重考查影响广泛的、稳定的、潜在的能力，而非死记硬背的知识；对实践动手能力的检验，可以通过评定学生创业方案的设计水平、创业计划的实施效果等来进行。然后，把书面考核与实践检验综合起来，对创业教育效果进行综合评价。最后，将学生创业教育的评价结果划分出不同的层次，并以颁发"大学生创业素质证书"的形式加以肯定。以大学生的创业素质为测评重点内容的评价机制，将对完善人才的知识和能力结构的评价体系起到日益重要的作用，将成为评价创业教育与教学是否适应经济、社会及市场发展的重要尺度。

七、实行创业教育的弹性学习制度

高校应积极探索创业教育的弹性学习制度，强调学习者的中心地位，体现学生自主进行学习的特点。弹性学习制度允许学生在学期间休学、转学、停学；允许其提前修满学分，允许符合毕业条件的学生提前毕业；对不能在规定的基本学制年限内按要求修满学分的学生，可以推迟其毕业。这样学生在学期间，可以根据自身实际情况，去创业、就业，分阶段地完成学业。弹性学习制度尤其适合于有创业愿望的学生边学边实践，有助于他们探索创业新路。

八、鼓励学生考取职业资格证书

国家社会劳动和就业保障部颁发的国家职业资格证书对于大学生就业与创业有很大的帮助。在创业教育中，积极推行大学生职业资格证书制度，实行学历证书与职业资格证书并重制度是培养创新创业人才的重要举措。高校应鼓励大学生报考职业资格证书考试，并根据学生的需要举办各种相应的培训班。大学生可以报考的国家职业资格证书考试类别有营销师、物流师、企业培训师、企业信息管理师、心理咨询师职业资格证书考试等。高校还可以根据自身优势申报和设立各类国家职业技能鉴定所，为学生毕业后顺利走入社会和被社会承认创造条件。

九、创设良好的创业教育环境，营造良好的创业教育文化氛围

良好的创业教育环境是创业教育顺利得以实施的保障，对师生的影响是深刻的、潜移默化的。因此，首先，高校要创设一种浓厚的、宽松的教学环境，

以有利于学生良好个性的发展，要在精神上和舆论上将创业教育上升到为社会创造财富、为社会分忧的高度，让创业成功者成为新时代大学生心目中的榜样。其次，从教育者的角度出发，高校要对教师的科研和创业辅导工作予以支持，在经费上予以保障，以科研促教学、以创新促创业。再次，从受教育者的角度出发，要为在校生的创业努力提供多方面的支持，创造条件，设立创业基金，创办创业协会等组织机构，在资金和咨询辅导上提供帮助。最后，要调动学校师生员工参与创业实践的积极性。党政工团应齐抓共管，共同创造良好的创业教育环境。

要顺利实施创业教育，高校还必须营造一种鼓励和支持大学生创业的教育实践氛围。通过开展创业教育理论学习讨论等活动，创办学生创业刊物、创业教育网站，设立"创业者日""杰出创业家日"，经常组织学生参加诸如去企业进行考察的社会实践活动，重视学生的创业体验，使学生改变传统的就业观念，消除其创业的畏惧心理，使其树立以创业为荣、主动创业的观念，激励他们在创业中去努力实现自己的人生价值。

高校通过各种鼓励创业的政策创造一种容许失败、推崇创业、鼓励冒险的宽松自由环境，将极大地激发师生的创新精神和创业欲望，使创办自己的公司成为高校师生的一个奋斗目标。在这种政策激励下，教授和学生积极投入创业的第一线，院校出现了一大批创业家和层出不穷的创业人才。高校将在潜移默化中形成一种崇尚创新、崇尚创业的良好风气。这种良好风气会逐渐渗透到校园的每个角落，逐渐提升为一种学校校园文化。

十、对创业大学生进行跟踪调研，及时改进创业教育

跟踪调研是完善创业教育管理体制的最有效的方法和途径。在大学毕业生进入创业阶段以后，学校的创业教育管理机构仍然要对创业者进行指导以及跟踪调查研究，通过创业者的创业实践，检验学校的创业教育效果，从而及时调整解决创业教育中存在的问题，也可以通过信息的反馈情况来改进和优化创业教育。

第四节 高校创新创业基地及学生创业平台的建设

大学生不但要具有创业的意识与技能，还要具备成果转化及产品开发方面的经验，应该把创业教育与科学研究、产业发展紧密结合起来。建设高科技园区并将之作为创新创业基地，帮助创业学生实现产、学、研一体化，是在创业计划大赛的基础上进行的更高层次的创业活动。

一、开发校内市场，建立创业孵化器和创业基地

高校蕴涵着巨大的校内市场。而校内市场应向大学生创业适度开放。创业学生熟悉校内情况，了解其他学生的需求，有一定的人脉，在校内市场方面有着独特的创业优势。校内市场可以被视为培养大学生创业素质的绝好实验室。高校应该充分利用这个资源来让大学生进行创业锻炼。

高校应为大学生建立校内创业孵化器（实验室）和创业示范基地。创业孵化器（实验室）应由学校或政府负责提供基金和各种资源，下设由学生组成的创业项目小组，由有管理能力的学生来担任小组负责人，并配备教师负责指导，帮助学生解决在创业学习中遇到的各种难题。高校还应创造条件为大学生建立创业示范基地或创业园，为学生创业提供资金、资助和咨询服务，以各种方式指导学生自主创办、经营企业，让学生从事技术发明、成果转让、技术服务等工作，让学生在实体中处于主体地位，体验创业全过程，从而培养他们的创业精神和创业能力。

二、与企业合作，建立校外大学生创业实践基地

高校应建立校外大学生创业实践基地，建立产、学、研一体化教育模式。高校应通过与企业开展合作教育，安排学生见习、实习，使教学更贴近市场，提高专业与市场的结合度，让学生进入社会，深入岗位，让他们跟踪创业人士去捕捉创业的灵感，感受创业氛围，增长创业才干，提高学生的创新能力和创业能力，从而实现教学与社会效益的双赢。

三、设立创业基金，多渠道帮助学生筹措资金

创业所需的物质条件和大量资金，对于大学生来说是难以筹措的。高校应当设立大学生创业风险投资基金。高校可以拨一笔专项资金，也可以通过各种

途径吸引社会赞助来设立风险投资基金。相应地，还要建立大学生创业风险投资基金的管理机构，严格选择符合条件的大学生创业项目，并对大学生创业项目的经营情况实施监控。这样做，一方面可以保证风险投资基金能顺利回收，另一方面也有助于大学生成功创业。例如：学校有关部门和专业教师可以根据学生创业项目的需要和特点联系孵化小企业的大、中企业，让有创业计划和能力的学生与大、中企业牵手创办小企业；高校可以设置专门的部门，帮助学生进行市场分析、风险控制，乃至向各种政府部门或民间组织设立的基金会申请创业资金；高校可以完善大学生小额创业放贷制度；等等。

第五章　创新创业教育协同机制的构建

德国学者赫尔曼·哈肯最早提出"协同"一词，他认为系统内部要素与系统间的相互作用在一定条件下可以产生协同作用，产生一种自我组织能力。这种能力可以使得系统的结构变得井然有序，进而让整个系统产生新的价值。而"机制"一词来源于希腊文，其内涵是指事物内在的规律与原理自发地对事物产生作用，它具有自发性、系统性及长效性等特征。在社会科学的领域中，"机制"是指在正视事物各部分存在的前提下，协调事物间的关系以更好地发挥作用的运行方式。近几十年来，"机制"一词被广泛地应用于竞争、合作及创新等活动中。将"机制"的本义引入社会教育领域，便会出现"教育机制"。因此，教育机制可以指代教育现象中的各部分之间相互的关系及运行方式。按照不同的标准，可以将教育机制划分为多种类型。而创新创业教育机制则可被理解为各种创新创业教育现象间的相互关系及运行方式。

第一节　构建原则及思路

经济发展、社会进步、综合国力增强、国民素质提升都必须依赖于教育系统所提供的不竭动力。高校要根据自身条件，整合所拥有的渠道和资源，结合不同理念，构建创新创业教育协同机制。

一、创新创业教育与传统教育模式相融合

普通教育和职业教育是传统教育模式中最重要的两个部分。普通教育通常注重身体素质和心理素质的锻炼和培养，即德、智、体、美、劳全面发展。职业教育则是立足于前者，以所学专业为核心，加强对学生专业技能和素质的培养，以满足社会经济发展的要求。由于教育需求逐渐向多样化和专业化方向发展，普通教育和职业教育也随之细分，各有其不同的教育理念和模式，在教育

体系中发挥着不同的功能和作用。在传统教育中，虽然会无意识地涉及关于创新创业教育的内容，并在一定程度上进行实践，但是传统教育中所涉及的创新创业教育处于不固定的状态。相比于传统的教育模式，创新创业教育增添了更加符合经济社会发展需求的内容，包括创业精神和创新能力。职业教育与传统教育的发展是相辅相成的。因此，在构建创新创业教育体系的过程中，高校要充分发挥普通教育和职业教育的基础性作用。普通教育可以为创新创业教育提高学生基本的发现问题的能力、知识水平以及创新创业所需的开拓进取和敢于担当的品质；职业教育可以为创新创业教育提供相关的专业技能和规范。创新创业教育的实践过程是循序渐进的，有着不同于普通教育和职业教育的教学模式和体系，能够满足学生多样化的教育需求。高校作为实施教育的主体应整合不同资源和路径，以普通教育和职业教育为基础，扎实推进创新创业教育相关工作。

二、创新性与实践性相融合

社会的发展、国家的繁荣、民族的进步离不开创新创业教育的发展。当今世界各国竞争激烈，谁的创新能力更强，谁就能在竞争中占领先机。所以敢于创新、积极进取的高素质人才就成为国家发展不可或缺的因素。相对于注重自由发展的自由型高校以及重视学术能力、聚焦学术研究领域的研究型高校，以社会服务为导向的高校则应在建立创新创业教育体系的过程中，强化社会服务的理念，注重创新创业教育实践。在此基础上，以社会服务为导向的高校应以创新创业为核心，配合学校在教学、管理、科研等领域的改革，对教育方式、人才培养模式等进行革新。其中，教育理念、教学模式、学习方法是重要的创新内容。使学生能够在学习中获得开创性、多元化的思维能力，是创新创业教育的目的。想要实现这个目的，高校就需要整合多方面的渠道和资源，构建能够满足不同需求的创新创业教育体系。实践能力是除创新能力之外，学生又一不可或缺的条件。与传统教育模式相比，创新思维，创业的行动能力，开拓进取、勇于担当的品质是创新创业教育的核心内容。创新创业教育模式的探索是困难和艰巨的。因为创新创业教育是对普通教育和职业教育的进一步深化，所以实践能力就成为影响学生创新创业的关键因素。实践能力包括身体和心理两个方面的能力。高校可以通过教学活动和社会生产相结合的方式来培养学生的实践能力。

三、一致性与差异性相融合

培育具有创新思维和实践能力的专业型人才一直是高等教育的主要目标。创新教育是在创业教育的实施过程中实现的，二者是紧密相连、不可分割的。所以，高校要将创新教育和创业教育结合起来，为学生构建创新创业教育协同机制，协同不同主体，重点培养学生的创新能力、创新思维、创新意识以及敢于开拓、主动承担的精神品质。这是高校创新创业教育的落脚点。不同高校受不同因素的影响，都会选择符合自身条件的发展方向，所以各高校在创新创业教育协同机制的构建上不尽相同。一方面，地理因素决定了社会环境。所以，处在不同地域的高校有着不同的社会资源，高校在构建创新创业教育协同机制的过程中可利用的社会环境资源存在差异。这直接影响高校对创新创业教育实践模式、教育方式的选择。另一方面，发展导向存在差异的高校在人才教育的目标定位上也是不同的。高校应充分了解不同专业的学生的需求，以专业类型为基础，针对性地对学生的创新创业教育设计个性化的教学内容和目标，照搬其他高校的创新创业教育模式是不可取的。

四、主体性与互动性相融合

创新创业教育的目的是培养具有创新意识和创业精神的人才。所以教师在教学过程中要使学生的主体性与师生之间的互动性相融合。教师和学生在创新创业教育中发挥着重要作用。在以研究为导向的高校中，师资力量充足，科研水平较高，教师既可以开展教学工作，又能推动高校科研水平的提高。让学生获得知识和技能，并将其运用到实践中以满足社会多样化的需求是高校培育学生的根本目标。因此，教师在教学过程中要帮助学生制定符合自身条件的目标，注重培养学生的个人品质，让学生在学习过程中学到知识和技能的同时，又能感受到人文关怀。师生之间的互动在创新创业教育中发挥着重要作用。教师应摒弃单向的灌输式的教学模式，丰富教学内容，创新教学方式，在教学过程中重视与学生的沟通与互动，增进师生之间的了解；应及时掌握学生的反馈信息，通过多样的沟通渠道帮助学生提高发现问题、解决问题的能力，培养学生的创新意识和创业精神。人们常常片面地认为创新创业教育仅仅是为了培育新的企业开创者和提高就业率，对其更深层次的作用缺乏了解和认识。在这种思想的影响下，创新创业教育容易在教育理念和模式上偏向功利，与创新创业教育的初衷渐行渐远。

五、创新创业教育协同机制的构建思路

创新创业教育协同机制的构建对高校来说是一项艰巨的任务，需要协调多方力量参与其中。与传统教学聚焦学科建设相比，创新创业教育在提高知识水平和技能的基础上，更强调学生与社会的匹配。所以，高校应整合多方资源，协调各方力量参与到教学过程中，构建创新创业教育协同机制，为学生提供细致全面的创新创业方面的指导。高校创新创业教育将创新作为最根本的教育理念。这是与传统教育思路和模式最大的不同之处。创新创业教育协同机制的构建要求高校根据社会和学生的需求制定新的培育标准和目标。高校应将创新意识和创业精神贯彻到教学活动中，并与学校的长期发展目标相结合。高校既要让学生学到基本的知识和技能，又要通过创新创业教育引导学生积累知识和创造财富，培养和提高学生发现问题、解决问题的能力，创新创业的思维和意识，以及敢于担当、勇于探索的个人品质，促进学生的全面发展。具体来说，高校可以建立合理的奖励制度。例如，针对学生的创新创业情况制定激励标准，对有创业意愿的学生提供知识、物质以及政策上的支持。如果学生创业顺利，学校应给予积极肯定；如果创业遇到挫折或失败，学校也不能置之不顾，应帮助学生发现问题并给予支持，通过合理的激励制度，帮助学生加深对创业精神的理解，使学生将创业作为步入社会的重要选择之一，让学生在知识储备、专业技能和心理素质上做好准备。

高校在创新创业教育协同机制的构建过程中，应将教育目标和理念作为出发点，把创新创业的思维方式渗透到教师队伍的建设和学生的培育中。通过对学生知识储备、专业技能、心理素质和个人品质等方面进行全面培养，将创新创业教育的理念和思维方式与人才培养机制结合起来，在学生学习的过程中培养其创新思维和创业精神。在具体课程内容的选择上，学校应将创新创业教育的理念融入其中，为学生创业提供扎实的专业技能和心理素质基础。除传统的理论知识教学之外，高校还应注重对学生实践能力的培养，丰富实践课程内容，如采用举办创新比赛、建设创业基地等方式，让学生能够将自己的想法转化为实践，积极锻炼学生主动发现问题、解决问题的能力，通过此过程培养学生的创新意识和创业精神，为学生创业奠定基础。高校在构建创新创业教育协同机制的过程中，还应注意将传统教育内容与前沿的教育理念结合起来。只有在传统教育的基础上吸收应用好新的教育理论，才能更加高效地构建创新创业教育体系，并真正发挥创新创业教育的作用。

综上所述，社会发展日新月异，对人才的需求也在不断变化。高校在构建

创新创业教育协同机制时应在发挥传统教育模式优势的基础上满足社会发展需求，重视教育的社会服务功能，协调和调动多元主体参与到创新创业教育中来，以学校为主体，整合多方资源，构建完善的创新创业教育协同机制。

第二节 "校企"协同育人

一、校企协同育人的目标

满足区域和不同行业经济发展需求、培育符合社会要求的专业型人才，适应高等教育改革和发展的要求，把学生作为教育的核心，培养其专业技能；高校与企业建立多样的合作关系，将学校的教学资源和企业的社会资源结合起来，推动校企的协同发展，是校企协同育人的基本目标。

高校身处教育改革的一线，应提高为经济发展服务和满足社会发展需求的能力。对此，高校应充分整合资源和渠道，以区域经济为基础，构建完善的校企协同机制。处在市场竞争环境中的企业对人才的需求是多样的。因此，高校要重视对学生创新创业教育的投入，为学生提供社会服务的平台，帮助学生更好地与社会需求相匹配，既要充分发挥人才对社会经济发展的推动作用，又要提高学校创新创业教育平台建设水平，促进学校综合实力的提升。

高校和企业作为校企创新创业协同育人的主体都应参与人才培育目标的制定。企业想要获得符合自身长期发展需求的人才，需要将企业的长远发展目标与人才培育结合起来，对人才进行精准定位和培养。随着国际竞争日趋激烈，创新越来越成为提高综合国力的关键因素，国家和社会的发展对具备创新素质的人才需求也在不断增长。高校是培育人才的最重要主体，以研究为导向的高校应承担起培养创新型人才的责任，应和企业共同构建创新创业人才培养平台。与以研究为导向的高校不同的是，以教学为主的高校的主要任务是培育本科生，培养出的人才类型主要为重视实践的应用型人才。所以，以教学为主的高校应与企业协作制定符合社会经济和企业发展需求、能够提高学生实践能力的人才培养机制。兼具研究功能和教学功能的是以教学研究为导向的高校，其培育对象主要为本科人才。由于自身的定位，以教学研究为导向的高校更注重培养学生的综合能力。因此，具有良好学习能力、应用能力、实践能力和创新能力的人才是以教学研究为导向大学的培养目标。

二、校企共建教学体系

培养目标的实现必须以完善的教学体系建设为基础。课程内容不能及时跟上社会经济发展的变化，在教学方式上缺乏与学生的沟通和互动，不能为学生提供充足的实践机会，不符合社会发展的实际要求等，都是传统教育中存在的问题。所以，学校和企业应在教学体系建设方面相互协作，共同制定符合学校和企业需求的教学体系。

（一）理论课程体系建设

在理论课程体系建设方面，专业基础课程和专业课程是国内高校专业课程最重要的两个部分。专业基础课程分为理论教学和理论实习、实践的教学环节，主要目的是使学生掌握基本知识，为其奠定基本理论基础，提高其基本知识和技能。达到专业培养要求的工程基础类课程、专业基础类课程和专业课程所占学分比例应占到三分之一。工程基础类的课程与专业基础类的课程都应发挥数理学科和自然学科在提高学生应用能力方面的作用。这些都应在课程的制定过程中有所体现。专业课程设计则应该注重培养学生的实践能力。高校的课程设计不应仅局限于本校已有课程，还要为学生提供多领域、跨专业以及其他学校的选修课程。社会经济各领域联系日趋紧密，每一个领域和专业都不可能独立发展，都需要加强和其他领域的联系与交流，以此来推动自身领域的发展。国家之间的交流与合作也是同样的道理。国家的发展也越来越需要具备综合素质能力的人才。所以，选修课程设置应注重多元化。学生通过基础课程的学习达到课程要求后，学校应引导学生选修对自己专业有帮助的跨领域学科课程。这样做，学生既能通过理工学科的学习提高实践能力，又可以通过人文学科的学习培养逻辑思维的能力。多学科课程的学习有利于提高学生的综合能力，为培养创新思维奠定基础。具体来说，文科学生可选修符合自身发展需求的理工科课程，锻炼自身的实践能力。理工科学生可选修适当的文科课程，增加社会科学的知识储备，提高自身的文学水平。除此之外，学校还要引导学生选修其他学校的课程。这样做，不仅能拓宽学生获取知识的渠道，也能提高各学校教育资源利用效率。当今社会各行各业都在不断发展变化中，高校要围绕社会发展需求开设相关课程，也要随时根据行业变化更新课程内容，以符合社会的发展要求。当前大部分高校与企业的沟通仅仅局限于管理人员层面，使得校企协同育人的主要参与者缺乏交流与沟通，造成学校对企业的需求了解不足，在课程制定上容易与企业的发展产生偏差。因此，学校与企业的沟通层面下移，让双方能够清楚彼此的想法和需求，可以减少课程设置的误差。此外，学校要对所开课程的相关领域保持高度的关注，时刻掌握行业的变化动态，及时对课程方向进行调整，既让学生学到最前沿的行业知识，又积极满足社会发展的不断变化的需求。

（二）实践课程体系建设

为了提高学生的实践能力和创新能力，学校与企业应积极协作，在课程设置上为学生提供能够把学习到的理论知识转化为实践的平台。从企业的角度来讲，可以让学生参与到与企业发展相关的项目和课题研究之中，在学校教师和企业相关人员的指导下对项目或课题进行研究。在这个过程中，学生的专业技能能够快速提升。在与企业项目有关的课程设置上，学校应制定合理的学分标准，提高学生参与的积极性。此外，学校还要注重培养学生的实践能力，通过设置相关以社会服务为导向的课程，使学生所学专业与社会需求相匹配。

（三）开设第三学期

高校可以通过设置第三学期的课程的形式来指导学生实习，让学生有机会将学到的理论知转化为实践。开设第三学期是国内高校在"3+1""3+2"教学模式的基础上开创的新的教学模式。当前国内只有少数民办高校开设了第三学期，而公立高校对"第三学期"的设置投入不足。"第三学期"的设置不能影响第一、第二学期的课程计划，它是指在前两个学期课程周数不受较大影响的基础上，将第一、第二学期的部分课时整合为第三学期。第三学期的课程有别于第一、第二学期，课程内容包括课程设计、综合实验以及专业实习等实践内容。学生通过第三学期的学习，能够将前两个学期所学理论转化为实践，并在实践中总结之前学习的过程中存在的问题，并在接下来的学习过程中积极解决，发挥第三学期的过渡作用。经济社会发展需求变化较快，因此第三学期的课程也要不断更新，更需要高校建立与第一、第二学期的教学联动机制。规范的课程设置和充足的资金支持是第三学期正常开展的重要条件。在开设第三学期的过程中，首先，指导教师在第三学期的教学过程中发挥着重要作用，再加上教师的教学时间和教学难度也有所增加，所以高校应合理提升教师的收入水平。其次，实践课程是第三学期的主要内容，学校的设备损耗有所增加，为了确保课程任务的顺利进行，学校应加大对设备维护的投入力度。再次，对于和学生学习生活相关的图书馆、专业教室、宿舍、食堂工作时间，学校也要根据学生的课程活动进行合理规划。最后，学校对于学生在实习过程中的安全问题都要做好全面、细致的管理。不同于第一、第二学期的教学模式，学校需要科学制定第三学期的考评体系。每个学校都有各自不同的特点，因此第三学期的开设没有统一标准。学校应根据条件的不同制定符合自身发展的运行模式。

（四）实施"双师"教学模式

加强高校与企业之间的人员交流是增进双方了解、提高合作水平的重要途径。部分学校和企业建立了研究所。学校教师应在研究所的课题研究人员中占一定比例。另外，研究院聘任的专家要对学校和企业有足够的了解。校企应共同搭建教师、专家和企业人员之间的沟通交流平台，发挥各方长处，提高工作效率。教师在研究所中能够接触到社会经济发展的前沿问题，可以将最新的知识教授给学生，拓宽课堂内容的来源渠道，让学生将所学理论更好地与应用结合起来。学生在对前沿问题的了解和学习的过程中，锻炼了发现问题、解决问题的能力，最重要的是学生的创新意识大大增强。以大连理工大学为例，学校和企业通过协同育人机制建立了研究院。学校派出骨干教师参与到研究院的研究工作中，并实施"双师教学"模式。这些骨干教师会进驻企业一个半月以对其进行考察调研。通过这个过程，高校能够及时掌握相关领域发展的变化动态，推动高校科研工作持续发展，也能帮助企业提高经济效益。高校可以在派出骨干教师进驻企业的同时，聘请专家进校教授相关课程，通过"双师教学"模式推动校企协同育人机制的建设。

三、校企共同参与人才培养的过程

（一）订单式培养

订单式培养是指高校和企业签订用人合同，以高校教学资源和企业社会资源为基础，双方共同参与人才培养计划的制订以及落实的过程，使学生通过考核达到培养标准，而企业按照合同规定安排学生就业的协作办学模式。订单式培养的最大优点在于高校、学生、企业之间的关系是平等的，三方都能在人才培养的过程中发挥各自的主体作用。企业应把握好行业发展的方向，根据企业发展的需求制定培养标准和数量，以订单形式交由学校对学生进行培养管理。在培养人才的过程中，学校和企业应加强沟通，把握企业和社会发展的需要，协同制订培养方案和确立目标。企业将行业最新的动向传送给高校；高校则以校企协同制订的培养方案对学生进行定向培养；学生达到考核标准，毕业后由委培单位安排就业。"一班一单"和"一班多单"是订单式培养的两种形式。"一班一单"是指一个企业的职位需求都为同一个专业，而且企业对该职位的需求人数能够组建一个班级。而"一班多单"指的是企业缺少某一领域的专业人才，但是对该类人才的需求数量不足以组建一个班级；为了提高人才培养的效率，多个企业共同下订单，高校则将职能相近的岗位整合在一起，培养学生的职业岗位能力，即一个班级和专业与多个企业订单相对应。为了保证订单式人才培养的质量，学生可自愿报名，通过初审的学生可组建班级，并在企业的实训基地接受培训。通过严格规范的考核，学生可以提高专业技能，以满足企业的需求，使自身素质更好地与企业发展相匹配。学校和企业之间良好的互动交流是订单式人才培养顺利开展的重要条件。包括招生、专业设置、岗位要求、教学内容与企业生产经营相匹配等在内的问题，都需要双方在确定订单前达成一致。企业应将长期发展规划和需求明确地向学校传达，避免培养过程出现偏差，提高培养效率，降低培养成本。

（二）校企教育资源共享

校企协同育人模式还处在不断发展之中。学校和企业应同心协力，探索共建校企之间的沟通交流机制，双方应整合、共享人才培养资源，提高人才培养的资源利用率。企业竞争力的增强与高校科研水平的提升以及创新创业机制的构建都有赖于校企协同及教育资源的共享。实习平台应由企业搭建，高校则应给予企业技术研发支持，以协同育人机制为基础为企业输送专业人才，形成合作共赢的良性互动机制。整合高校的教育资源和企业的社会资源，为学生的培养提供优质资源，不仅有利于创新创业教育协同机制的建设，也有利于为社会发展提供所需人才。企业的人才队伍的建设能从校企教育资源共享中受益。学校和企业共同建立实验室是资源共享的另一种形式。实验及实习所需的设备由企业提供。学校则提供教学设施和师资力量。校企双方通过资源的整合与共享，提高资源利用效率。将人才的培养和员工的培训结合起来是协作共建实验室的特点，能够实现校企的优势互补、降低培训成本。实验室的建设要以教学内容和学生能力为基础。校企双方应共同建设满足能够多样化需求的实验室，包括基础实验平台、综合应用实验室以及创新研究实验室。基础实验室主要是为大一新生设立的。将课程教学与实验结合起来，培养学生的基础知识和实验技能。综合应用实验室则面向二年级以上的学生。教师可通过创新型和开放型创新实验内容提升学生对知识的实践应用能力。创新研究实验室则为理论知识掌握牢固、实践能力出众的学生提供了科研和创新实践的平台。创新研究实验室的实验设备的科技水平较高，在企业项目的引导下，有利于学生创新意识的培养。

实验室及实践基地的硬件条件对学生的培训发挥着至关重要的作用，但是设备的维护与更新需要较大投入，仅仅依靠高校自身的力量难以满足教学发展的需求，最终导致人才培养达不到企业的要求。建立完善的实验、实践基地对于大多数高校来说还较为困难。实训设备若跟不上教学内容的变化，会造成学生的实践能力与企业的需求不相匹配。因此，借助企业力量有利于减轻高校负担。

总的来说，高校向企业提供技术服务和有偿服务，企业则给予高校实验设备资源，这对双方来说是互利共赢的。技术是企业发展的核心要素，高水平的员工培训既能够减少设备养护的成本，又能帮助企业提高生产效率，降低生产成本。所以，企业通过与高校合作，用实训设备置换技术支持和员工培训能够有效解决设备维护与员工培训等问题。

（三）学校冠名企业

除了与企业合作的模式外，高校还可以通过冠名企业的方式来培养人才。这样做有利于减少学生将理论知识转化为实践过程中的约束，提高学生的实践能力和创新能力。在挑选冠名企业的过程中，高校应注意企业的生产经营活动是否与学校的专业方向相符，企业的技术是否成熟。因为这些都会影响冠名后人才培养的成效。在冠名企业后，高校应给予企业技术研发和资金支持，使其成为学校发展的一部分。准确合理定位冠名企业的地位是发挥校企协作建立教学基地最大效用的前提。合作机构的确定也是高校冠名企业发挥作用的重要条件。企业、行业协会、劳动局、教育局、高校等应选派代表组成培训委员会。此外，校企应共同制定合理的教学标准，在实训基地设置教学经理岗位，使理论教师和实训教师的配备与学生、实验设备的数量相匹配。理论教师和实训教师应注重沟通协作，加强双师型教师队伍的建设。若学生人数充足，则需设置教学经理助手岗位。通过精细化的管理模式，高校要积极推动校企实践基地的教学内容、标准与企业发展相适应。使企业真实的生产环境与教学环境相融合是高校冠名企业最重要的特点。实训基地整合了高校和企业资源，为学生提供了真实的生产环境，也是构建创新创业教育校企协同育人机制的载体。实训基地既将教学内容带进了工厂，又让学生在企业环境中得到了锻炼。企业通过实训基地提高了生产效率，降低了生产成本；而学校通过实训基地为企业培养了实用型人才，实现了教育目标。

四、建立校企双方有效协同的机制

（一）建立校企协同的引导机制

高校和企业应共同参与到校企协同引导机制的构建中。校企双方首先建立起校企协同工作委员会，成员应包括企业、行业以及高校的管理人员。校企协同工作委员会的主要工作任务是审议培养模式、培养目标、师资队伍建设以及招生就业等问题，此外还应随时掌握行业发展变化，及时对人才培养课程设置和校企协同发展方向做出科学调整。技术合作开发委员会也是校企协同引导机制的重要组成部分。该委员会主要由学校骨干教师和企业技术人员构成，主要职责是根据市场需求的变动，对企业生产升级换代提供科研支持以及将高校的理论成果应用到实际生产中。为了保证校企人员的研究方向始终符合社会发展趋势，该委员会还应承担起校企人员培训以及传达行业动态的职责。

（二）建立校企协同的管理与反馈机制

校企协同的管理机制包括统筹规划、相互协调、自主发展等内容。协同管理机制能够有效加强校企之间的合作关系，提高资源的整合度，奠定互惠互利的合作基础，充分提升校企资源的利用率，保障人才质量符合企业生产经营需求。而校企协同反馈机制的建立需要与管理机制相结合。管理过程中出现的问题要及时通过反馈机制向校企双方反映并予以解决，以维护协同机制的运转秩序。

五、转变校企双方传统的观念与融合校企文化

（一）转变校企双方的传统观念

当前高校和企业对校企协同机制的看法存在差别。企业常常对校企协同育人漠不关心，而高校则对校企协同育人表现出积极的态度。造成这种差别的原因并不复杂。众所周知，获得更多的利润是企业始终追求的目标，但是由于企业对校企协同缺乏认识和了解，认为高校是培育人才的主体，校企协同会增加企业的生产成本，不利于企业生产规模的扩大。在这种认识的影响下，企业不愿主动参加校企协同育人机制的构建。高校虽然态度积极，但是仍然受到固有观念的影响，认为传统课堂式教学是培养人才的最重要的途径。受限于校企双方的传统观念，企业在机制构建中处于被动地位，高校的教学模式也缺乏创新。高校和企业虽然承担着不同的社会责任，但是从功能和作用上看，双方也有着良好的合作基础。高校为社会经济发展输送人才，企业作为经济活动的参与主体，直接受益于学校的人才培养，而企业通过人才提高生产效率，获得更多的利润，为社会创造出更大的价值。可以看出，高校和企业都承担了服务社会的责任。因此，企业在生产经营活动中理应与高校协作培养人才。企业应认识到

校企协同育人不仅仅能够培养人才，还能获得高校的科研支持。高校也要更新观念，依靠社会力量拓宽人才培养的渠道。在校企协同育人的过程中，高校应依托科研资源为企业发展提供技术研发支持。企业将高校提供的理论转化为生产实践，也有利于高校科研水平的提升。高校为企业提供人才和技术支持，企业为高校提供设备支持。这样，既能降低培养成本，又能提高学生的专业技能。所以，校企双方都应转变传统观念，积极参与协同育人机制的建设之中。

（二）融合校企文化

高校发展不仅要有良好的硬件条件，还需培育具有自身特点、被社会广泛认同的高校文化。优秀的高校文化不仅有助于培养出优秀的人才，还能极大地提升学校综合实力。高校文化越来越成为学校发展的核心推动力。作为社会文化的一部分，企业文化与高校文化有着相同的文化属性，两者既存在联系，也有各自发展的独特性。企业是市场竞争的参与主体，所以企业文化建设服务于企业生产经营活动。优秀的企业文化能够影响员工的思想和行为，帮助员工解决工作中遇到的问题，为企业发展提供文化动力。高校文化和企业文化在内涵上存在联系，不少企业文化的内容都能从高校文化中找到相同的部分。企业发展和行业的变化对高校文化的影响也十分明显。随着社会竞争日趋激烈，终身学习已经被人们普遍接受。学生在学校接受专业知识和技能的培训，进入企业后并不意味着学习生涯的结束，仍然需要学习并掌握在企业环境中所必备的技能。因此，高校应使自身文化与企业文化相融合，让学生在校学习期间感受到企业文化，引导学生找出高校文化与企业文化的契合点，帮助学生在认同高校文化的基础上更好地接受企业文化，适应企业的竞争环境，提高自身的抗压能力，促进从校园学生到企业人才的定位转换，锻炼学生的职业能力和社会适应能力。

六、校企协同人才培养的评价标准

校企协同培养人才的评价内容包括三个方面，即知识、素质和能力方面。评价标准要科学合理，最重要的是要与人才发展的规律相适应。高校和企业之间应加强沟通协作，共同参与评价标准的制定。学生是人才培养的主体，高校和企业还应共同承担人才培养的评价责任。

（一）知识方面的评价标准

知识方面的评价包括基础知识评价和专业知识评价两个部分。首先，基础知识方面的评价标准是掌握本专业涉及的自然科学和经济管理类知识的掌握情况。其次，专业知识方面的评价标准是具备良好的理论应用基础和工程实训基础，了解专业和行业的发展变化，熟练应用与专业相关的法律法规政策以及行业技术标准。

（二）能力方面的评价标准

能力方面的评价主要包括学习能力评价、发现并解决问题的能力评价、创新能力和实践能力评价。学习能力评价标准是具有学习的方法与技巧，其中，学习的方法指的是获得知识的能力，学习的技巧指的是对新知识的探究与应用能力。发现并解决问题的能力评价标准是能以所学理论知识为基础发现解决问题的方式和途径。创新能力评价标准是指具备创新思维以及研发新产品的科研能力。实践能力评价标准指能将掌握的理论知识转化为生产实践，并具有在实践中发现问题、表述问题的能力。

（三）素质方面的评价标准

素质方面的评价标准包括具备良好的职业道德素养，对所在行业充满热情，敢为人先、吃苦耐劳，始终保持学习的态度，具备优秀的个人品质，敢于承担责任，善于沟通，能够与他人建立良好的合作关系，注重工作质量和安全，能够保持良好的职业习惯和态度。

第六章　创新创业教育协同机制的运行

其实，我们可将高校创新创业教育看作一个系统，其中的政府、企业及高校等利益主体会根据其共同目标表现出协同合作意愿，为了使教育增值及培养出较为出色的创业者，他们会调动一切资源，实现协同效应。若想使高校创新创业教育协同机制的运行处于理想状态，获得一种协同式发展，则国家必须考虑各方利益主体的诉求，在市场化发展的原则下，建立有效的运行机制，从而促进各方主体相互适应，以达到系统增值的效果。

高校创新创业教育具有全新的育人思想及教育理念，它几乎贯穿人才培养的全过程，因此不仅要兼顾理论与实践的综合教学，更要在教学方式上做到灵活多变。笔者结合其他学者对于高校创新创业教育的运行机制分析，认为高校创新创业教育协同机制的运行的关键在于管理决策、激励动力和调控这三大机制。

第一节　管理决策机制

要保证创新创业教育的实施与推广始终围绕共同的总体目标，确保运行保障、育人内容等各方面始终能符合实效育人这一标准，就必须建立高效的创新创业教育管理决策机制。这是高校创新创业教育运行的核心与关键。

一、管理决策主体关系分析

高校创新创业教育管理决策机制的主体包括高校创新创业教育工作领导机构以及创新创业教育专家委员会，前者多由高校的行政管理者构成，而后者多由创新创业教育研究以及教学专家构成。如何定位高校创新创业教育工作领导机构与创新创业教育专家委员会，以及如何分配这二者的决策权力，都是管理决策机制构建的重点。

　　高校创新创业教育工作领导机构与创新创业教育专家委员会作为高校创新创业教育管理决策机制的两个主体，两者间分工不同且相对独立。领导机构负责把控创新创业教育的发展方向，制订高校创新创业教育的总体规划，全方位掌控着创业资源及经费等，其主要决策范围包括整体的规划发展、经费的投入使用以及资源的整合分配等。而专家委员会则是创新创业教育研究的整体管理者，不仅负责教学内容与方法的制定，还承担着科研教学及师资培训等任务。总体而言，领导机构侧重于创新创业教育的发展规划与资源供给等宏观决策；而专家委员会则更侧重于创新创业教育的理论研究与课程培训等微观决策。

　　高校创新创业教育工作领导机构与创新创业教育专家委员会虽然分工有所侧重、职能相对独立，但是两者间更有着紧密联系与持续作用。领导机构为专家委员会确定教研与理论的研究方向，并提供支持；而专家委员会则根据高校创新创业教育的理论教学研究为领导机构提供策略建议；领导机构通过对高校创新创业教育的整体规划管理会提高专家委员会的科研教学成效，而专家委员会则会通过研究方向的决策与教学课程的设计将领导机构的思路设想落实到位。要想确保高校创新创业教育工作领导机构的决策更具有效性、合理性及专业性，就离不开专家委员会的科学建议与理论支撑；同样，专家委员会要想找准正确的决策方向，也离不开领导机构的认同与支持。

　　明晰两个主体间各自的决策对象、范围、程序及权力边界可以促进高校创新创业教育管理决策机制的建立。管理决策机制要确保领导机构能够担任起全局把控者的角色，可以在整体规划与运行方向中提供正确的策略建议，同时也要确保专家委员会能够在教学、学术等具体事务的整体规划中担任起建议咨询者的角色，在决策的过程中，以制度化的方式达到两个主体合理分工、协同推进的效果。

二、管理决策机制的运行程序

　　高校创新创业教育管理决策机制必须具有规范的运行程序与步骤才能确保工作的高效性。领导机构与专家委员会作为高校创新创业教育管理决策机制的两个主体，其管理决策机制的运行程序也是构成管理决策机制的重要因素。

　　对于领导机构而言，其管理决策机制的运行程序应当是有条理与逻辑性的。针对高校创新创业教育现有规划和资源分配等问题，首先，领导机构会对之进行分析，从而明确自身发展的目标。其次，领导机构将提供至少一种决策方案，由民主程序确定最终方案，最后推动方案的实施。当然，在此过程中，领导机构需要根据具体运行的情况进行反馈评估，从而对决策方案进行评估，来确定是否继续执行该方案或是对该方案进行调整改进。在领导机构的管理决策机制运行过程中，专家委员会主要承担着调研及提供对策建议的工作。两者的相互配合才能促使管理决策机制运行达到高效的目的。

对于专家委员会而言，其管理决策机制运行的第一步便是对高校创新创业教育实际实施过程中存在的问题进行分析，明确自身发展的目标；第二步，在一定的科学研究理论基础下，提出至少一种决策方案，由民主程序确定拟采用的决策方案并向领导机构请示备案；第三步，推动决策方案的实施。当然，专家委员会也应根据实际决策运行的情况进行反馈评估，从而确定是否继续执行或是调整该方案。在专家委员会的管理决策机制的运行程序的各个环节，领导机构都可进行总体规划与方向的把控，它在管理决策的过程中担任着整体把控的角色，并对专家委员会的决策范围进行管理调控。这样做可以将学校党政机关对高校创新创业教育的整体规划精神在教学管理与学术研究的过程中贯彻到位、落到实处。

总体而言，加强高校创新创业教育工作领导机构的管理决策工作，在宏观上可以确保高校创新创业的教育内容与发展方向符合学生自由全面的发展需求，符合学校总体规划发展的需求，符合政府、社会的高度需求；而加强专家委员会的管理决策工作则在微观层面更易形成合理的教学内容、方法与体系，从而确保高校创新创业教育的有效实施及科学发展。

三、管理决策机制构建的基本原则

为了更好地服务创新创业教育的实施与推广以及推动创新创业教育的科学发展，构建高校创新创业教育的管理决策机制是必不可少的举措。由于创新创业教育的实施与教育发展都有着明确的特定目标，因此两者间必然有着相适应的特定价值内涵。高校创新创业教育管理决策机制的构建，必须遵循特定的价值规律与基本原则。高校创新创业教育的宏观目标：结合国家的政治、经济与文化的发展，联系中国特色社会主义教育实际情况与高校学生全面自由发展的需要，通过教育的实践帮助学生了解创业过程、培养其创业意识及创业能力，不仅让学生以正确的目标导向与价值取向参与到各个领域的创业中，并且使学生将来更好地服务于中国特色社会主义教育事业的科学发展。而从微观层面角度考虑，高校创新创业的目标是树立正确的创新创业价值理念、明晰创业主体意识、完善创业能力结构以及提升创新创业的实践水平。高校创新创业教育的管理决策的价值内涵应紧紧围绕这一宏观与微观相结合的目标体系。因此，本节提出了构建高校创新创业教育的管理决策机制所应遵循的四项基本原则。

（一）把握中国特色社会主义的发展方向

高校创新创业教育的最终目标是培养能够从事服务于中国特色社会主义事业的先进创业者，因此创新创业教育的管理决策机制的运行过程应当是正确的，高校创新创业教育不仅要保障教学和理论研究成果，而且要使其更好地适应服务于中国特色社会主义事业的发展。

（二）面向广泛学生群体

创新创业教育应当适应国家社会发展的各个领域。无论对于何种专业、背景的学生，创新创业教育都应当对他们的能力提升是有价值的。创新创业教育不应仅仅局限于小众教育，使少量的精英学生受益，而应当面向广泛的学生群体，开展普适性的科学教育，以树立学生的创新创业意识，提升学生的创业能力。

（三）遵循面向社会的实际导向

我国正处于经济转型发展阶段，经济社会的转型升级与发展要求创新创业教育进行调整与改进。高校在创新创业教育管理决策机制的过程中，要注重理论与实践的紧密结合，将更多资金进行适度整合与调配以投入实践性的教学任务与科研环节中，促使广泛的学生群体能够做到知行合一，真正推动社会转型升级以顺应时代发展的要求。

（四）坚定全面发展的育人目标

马克思主义的最高命题与根本价值是"人的自由全面发展"。这同时也是中国高等教育所追求的至高目标。对于创新创业教育来说，其综合性较强，可以从价值取向、理念运作及社会管理等多个层面锻炼和培养学生的综合能力。高校应坚定全面发展的育人目标，将其作为构建创新创业教育管理决策机制过程中的核心任务。只有这样，才能实现学生的全面发展与创新创业教育改革发展的至高目标。

在对上述构建高校创新创业教育的管理决策机制所应遵循的基本原则进行深刻分析后，可将其升华为高校创新创业教育应遵循的基本原则。创新创业教育的开展并不是指照搬原有的教育内容和模式，而是指将这种创新创业教育的理念、方法融入创新创业教学体系和人才培养机制之中。高校在开展创新创业教育时应当遵循以下四项原则。

①"全面教育"与"个别教育"相结合的原则。"全面教育"是指全面提

升大学生的创新意识与创业能力，从整体上对创新创业学生的综合素质进行开发与提高，完善其创新创业的知识结构体系和人格。"个别教育"是指针对少部分拥有创业潜能的大学生，进行个别的特殊引导和动力支持，以培养出先进的创业示范人才。

②"全程性"与"分层性"相结合的原则。良性的创新创业教育体系应当具有开放性与延续性的特点。其开放性与延续性在大学创新创业教育阶段就是"全程性"的体现。高校应当将创新创业教育纳入人才培养的目标规划中，与专业的教学科研体系相结合。同时，高校的创新创业教育还应当划分层次，具有侧重点。在大学的初级阶段，高校应当培养学生的创业意识、进行通识教育，随着学生专业学习的不断深入，应当加大创新创业教育意识的培养力度，开展针对性的技能训练，让学生在创业实践的过程中不断提高自身的综合素质。而对于高校毕业生来说，创新创业教育应体现教育连续性的特点，实现由浅入深、由全面到重点的发展目标。

③"理论"与"实践"相结合的原则。高校在开展创新创业教育工作时，要注重理论与实践的具体结合。只有这样，才有能够真正实现培养大学生创新创业意识素质的至高目标。因此，高校在开展创新创业教育工作的同时，既要加强理论课程教学工作，增强学生的创新创业意识，又要根据创新创业自身的实践特点，加强实践教学工作，积极组织学生参与创新创业活动，真正做到理论与实践相结合。

④"开放"与"协同"相结合的原则。高校由于受到教育资源局限性的影响，为了获取有利的社会优质资源，应坚持开放办学的原则，建立协同创新机制。高校还应围绕创新培养人才体系的这一目标，建立创新协同机制，使各部门的职能目标协调一致，促使创新创业教育的效果达到最大化。

四、完善管理决策机制的建议

（一）转变创业教育观念，树立正确的创新创业教育课程理念

高校的管理者要用前瞻性的眼光来设定创新创业课程理念。创新创业教育任务的核心是达到素质教育的要求，培养学生的创新思维能力，为学生创造条件，使其认识到知识的力量。因此，高校既要培养适应目前就业发展需要的普通型应用人才，又要为国家未来的经济发展输送顶尖的创新型人才。明确创新创业教育的课程理念，立足于现实需求与长远发展，是开展创新创业教育的指导思想。

（二）加强创新创业学科建设，明确创新驱动发展的新要求

当今社会的发展战略对于我国高校创新创业教育的人才培养路径提出了新的要求。高校是大学生创新创业教育的核心阵地，它承担着教学科研培训、提供创业资金支持以及人才培养的多项任务。因此高校应当正确认识自身在创新创业教育协同机制中的地位，并在教育的实践探索中表现出来。大学生创新创业教育工作的合理有效将在一定程度上影响我国的经济发展方向。因此构建完善的协同机制对于高校大学生的创新创业教育来说具有重要的指导意义。大学生和企业作为是高校创新创业教育的两个方面。高校只有合理处理好两者间的内外联系，才能充分发挥两者间的协同作用。首先，对于人才培养，高校要制订出科学的规划，转变以往的教育观念，将创新创业教育贯穿于教育工作运行全过程中，将理论与实践结合起来，通过两者的优化整合，激发创业者的热情与积极性。其次，应当整合各方资源，在政府、企业及高校的保障体系下，实现理论与实践的有机结合，在激发学生创新创业潜能的基础上，积极推动教学课程与科研规划的改革。最后，应当设立多层次的教研课程，引进高质量师资队伍，积极鼓励师生参与到创新创业的实践活动中。在资源合理整合的过程中，高校既要鼓励学生参与创新创业竞赛，又要建立科研系统，通过实行双向选择导师的制度，将创业项目与创业者进行合理匹配，最终使得创业者可以寻找到心仪的创业团队。高校应当加强对创新创业教育理论与实践的深入研究，充实教育课程体系内容，设定多层次的目标以吸引更多的学生参与到运行过程中。

（三）设计多样化的创新创业课程，实行循序渐进式的教育模式

在实施创新创业教育过程中，高校要正确认识创新创业教育内涵，将其与专业教育结合起来，在专业教育的教学过程中培养学生的自主创新意识，增强创新创业教育的实效性与互动性。创新创业教育的教材除了纸质课本外，还应包括课程的政策性资料及其他文件。根据这一特点，高校可以精编课程教材，丰富教学资源。由于"宽口径"培养条件下的课程教学课时有限，所以，高校可将相关性较强的实验操作安排在一定的时间段内。这样既有利于拓宽知识渠道，又有利于在最大限度内获取教育资源。教材应当具备较强的操作性。这样的教材对于实验的准备以及分组安排来说，更易为教师提供合理化的建议。同时，为了提高教学效率，教师可将实践中的操作技巧拍摄成视频，以 ppt 的形式展示给更多的学生。这样，拍摄的视频不仅可以作为教材刊登在相关网站上，而且更有利于学生的自我预习及学习回顾，使课程时间得到最大程度的利用。

（四）丰富课外创业活动，鼓励学生参与社团

学生社团是高校的自由活动主体。在创业活动方面，学生社团可以用多样化的方式将兴趣相投的校内外人士集结起来，营造良性的交流沟通氛围，让学生产生创业激情和创意。

（五）构建专业的师资队伍，实现多样化的教学方案

高校可以坚持引进校外的师资力量，激发学生的学习兴趣，也可以提供资金以支持校内的师资团队走出去，学习、借鉴其他成功学者的创业经验及教学方法，同时对课程的教学设计采取灵活多样的方式，满足学生的实践需求，不断提高其创业能力与综合素质。

（六）充分利用校外资源

高校是一个开放性的系统。因此，在推动创新创业人才培养方面，高校可以联系各方外力，相互作用，以促进目标的实现。高校可以与企业联合办学，为大学生提供创新创业的实践机会，以提升其创新意识、能力及综合素质。

（七）完善教师激励机制，激发对创新创业事业的激情

高校应以各种表彰手段满足教师对高度尊重与荣誉的需求，为他们提供良好的空间以满足其精神需要。价值需求处于优先阶段的教师会追求更好高人生价值，更加渴望得到领导及社会的认可。因此，高校应当针对他们设立荣誉性的职位以满足其价值需求。由于创新创业教育正处于新兴发展阶段，高校对于师资的选择应遵循择优录取的原则，同时还应完善激励机制，鼓励教师尽最大可能全身心地投入创新创业教育事业中。

（八）规范创新创业教育主体活动，建立有效的监督机制

高校教学活动的正常运行离不开有效的监督机制。对于高校管理者而言，其承担着高校教学课程规划设计及管理教辅人员的工作，以防止他们在工作中出现主观臆断的不端行为。对于主要承担着创新创业教育实施工作的高校教师而言，监督工作有利于确保其教学行为的规范性。对于作为创新创业教育的接受者的高校学生而言，监督工作有助于端正其学风，防止其在创新创业教育活动中误入歧途，给个人、家庭及社会带来负面影响。高校同时也应对监督者进行监督，从而营造民主、开放及自由的文化氛围，鼓励师生等相关主体树立治理学校的理念，使人人都参与到高校建设管理中来。

第二节　激励动力机制

推动事物发展的作用力被称为"动力"。因此，高校创新创业教育动力可以被概括为推动高校创新创业教育发展的作用力。在我国，高校开展的创新创业教育多为政府的驱动，但是在教学环节的设置及企业参与的内在利益诉求方面，市场也发挥着重要作用。因此，高校创新创业教育既源于政府的驱动，又需要市场导向的延伸。

高校在创新创业教育系统中的作用也尤为重要，它具有显著的教学科研资源及人才优势，不仅传授学生知识，更承担着全面育人的责任。高校可以培养学生良好的道德品质，使其树立社会责任与担当意识，同时还能够提升其分析解决问题与创新创业的能力。这些都是学生群体适应社会需求所必备的综合素质。因此，对于高校创新创业教育而言，其动力既有内生的，又有外生的。高校创新创业教育激励动力机制可以被看作推动高校创新创业教育良好运行与实施推广的各内外要素间相互联系与作用的互动机理。

从宏观角度考虑，高校的内生动力是追求自由全面发展的育人理念；而其外生动力则是政府对于经济转型升级的需求。政府可以将有效的政治、经济资源合理地调配到高校创新创业教育领域，从而推动理论教学课程及科研实践的发展。从微观角度考虑，以教师和学生的内生动力而言，教师参与到创新创业教育中，既是对职业发展的需要，又是对理想事业的追求；而学生参与创新创业教育既是对自我未来职业生涯的规划，又是自身全面发展的追求。以教师和学生的外生动力而言，政府和社会作为高等教育的外部推动力，可以使参与到创新创业教育活动中的师生获得充分的资源与成就感。内外动力的作用与性质虽然不同，但是两者相互影响、互为支持，对高校创新创业教育的发展与价值取向有着决定作用。

一、激励动力机制的运作机理

从宏观角度而言，高校创新创业教育在外部受到政府与社会机构共同作用的影响。政府由于社会转型升级及经济持续发展的迫切要求会进行全面改革，而在这一阶段，政府势必会增加对创新创业活动的需求。在此深化改革的背景条件下，政府会对创新创业教育的研究与培养提出更高的要求，需要通过资源调配供给以及适当的政策引导推动高校创新创业教育的发展，扩大人才的供给。

而对于社会机构而言，由于正处在发展阶段，新兴领域及亟待转型的成熟领域为社会机构提供了充足的创业机会，在社会责任及自身经济利益的驱动力下，社会机构会有更加强烈的创业意愿。因此创新创业领域的人才需求就越发旺盛。这便加强了社会机构与高校教育领域之间的合作。在这样一种合作方式下，社会机构一方面可以通过资源的供给推动高校开展创新创业教育工作，另一方面可以通过旺盛的人才招聘需求调整高校的育人导向，可谓一举两得。在内部，高校创新创业领域中全面自由发展的教育理念得到广泛的认同，高校将培养全面发展及提升综合素质的社会主义接班人作为育人的至高目标，而创新创业教育是独立于高校专业知识教育之外的一种教育类型，它是以学生的全面自由发展为核心任务的教育，有助于提升学生在价值重塑、人际关系及权力把控等方面的能力，从内部推动高校创新创业教育的实施。

从微观角度而言，高校创新创业教育的实施离不开教师与学生这两个主体，因此分析教师与学生参与创新创业教育的内、外生动力对于从微观层面研究高校创新创业教育激励动力机制有着至关重要的作用。教师是高校创新创业教育的主要实施者。高校对其工作量的约束及工作表现的激励举措都将会推动其从事创新创业的教学研究工作。从教师自身角度而言，他们对于创新创业教育的理论教授兴趣及目标认同都将由内而外地推进创新创业的教育研究。同时，良好的校园文化氛围对于提升教师创新创业教育的认识水平与兴趣都有一定的促进作用。对于学生而言，他们是创新创业教育的受教育者。高校可以利用学分制与激励举措推动其参与创新创业活动；同时，他们自身的兴趣及周围群体的良好影响也将促使他们提高对创新创业教育课程的接受程度与感知认同度。高校创新创业教育微观层面的两个重要主体间互为动力支持：学生接受创新创业教育的需求将推动教师的教学研究，而教师的科研理论研究也会影响着学生积极参与创新创业教育课程的训练，两者互为支持，共同促进高校创新创业教育的运行发展。

高校创新创业教育的顺利运行离不开激励机制的作用。激励机制可以激发教师的创新创业教学科研热情与主动性，进而鼓励学生做出创新创业行为。高校为了提升教师的教研积极性可以将创新创业教学的实践指导考核指标划入绩效考评之中，将考核结果与教师职称晋升评定联系在一起，同时对指导学生开展创新创业实践活动取得一定成绩的导师进行奖励，从而调动其教学积极性；另外，高校还应注重对学生的创新创业激励，有关部门应当优化政策，建立良性的自主创业政策环境。高校应改革学籍管理决策制度，推行弹性学分制，让学生可以在具有较大弹性的学习时间内安排学习与创业活动，实现学工交替，分阶段完成课程学业；同时要发挥学生创新创业的主观能动性，给予其自主发展的机会，对于那些在创新创业竞赛中获奖的学生进行一定的奖励补贴。

对于高校而言，传统的笔纸考核方式已经无法适应创新创业教育的考核要求。传统的笔试考试是为了考查学生的记忆辨析能力，并不能对其创新意识与能力进行评价。因此，高校就需要建立以素质为导向的考核激励机制。首先，高校可以对学生的创新创业项目参与度与贡献度进行评定，然后运用综合答辩的考核方式进行综合评议。其次，可以将创新创业项目的阶段性成果作为考核标准。这既对学生的综合素质提出了更高的要求，同时也体现了创新创业项目的特色指标。高校可以设立创新创业教育基金以健全激励机制，要科学评估教育质量与水平，对表现突出的学生给予奖励。同时，可以将学生参与的课题研究、科研实验项目及创新创业项目等成果转化为相应学分。高校与学生的协同一方面要求高校统一领导、开放融合及全员参与，另一方面要求高校将创新创业教育的改革推进放在教育发展的突出位置，落实其主体责任，成立工作领导小组，由校长担任组长，由主管副校长担任副组长。同时，高校应呼吁全体师生积极参与到创新创业项目中，加强各主体间对创新创业教育的沟通交流，以营造一种浓厚的创业氛围；另外，各高校面对当今严峻的就业形势，应积极响应国家政府的号召，组织和培养学生参与创新创业竞赛，邀请成功的知名企业家进入校园分享成功的创业经验。高校在推动创新创业教育运行过程中，应建立完备的激励机制，保持与国家政策导向相一致，同时要符合企业的人才需求目标，培养社会所需的高质量应用技术型人才。

政策激励的协同是激励动力机制中的一部分，它注重创新创业政策的可操作性及各项政策间的关联性。近年来，中央及各级政府出台了许多支持高校创新创业教育的政策性文件。但是由于可操作性弱及政府执行能力不足等问题，使得相关政策最终无法落实。推动高校创新创业教育需要调动各方积极性，需要政府在政策方面给予有力支持。同时，各级政府部门应当通过构建经济、教育及文化等多部门协同的工作机制，对现有的政策进行梳理总结，实现信息的及时反馈，为保障创新创业教育提供强有力的政策支持。高校应出台相应的协同政策，构建激励机制，加强创新创业师资队伍的建设，组织参与创新创业竞赛；鼓励师生协作创业，将校内校外的创新创业资源进行整合汇聚，为创新创业教育工作的开展提供政策支持。创新创业政策在高校毕业生的创新创业指导服务中具有重要的激励引导与制度保障的功能。政策激励的协同包含了不同主体间的政策协同及政策先后协同。政策激励的协同可以充分发挥政策的作用。另外，政府在制定政策时应充分考虑高校毕业生与其他社会群体间的创业行为之间的差异，要针对性地为其提供指导建议。

企业在激励机制的作用下，会根据自身需求融入高校的创新创业项目中。它将利用自身的技术、资金及渠道参与高校人才方案的规划制订中，在高校内为学生举办创新创业分享交流会，为即将进行创业的大学生进行思想上的宣传引导，以确保创新创业教育能够朝着正确的方向发展。企业或许还能为热爱创业的学生提供岗位实习的机会，从而为其创新创业打下坚实的基础，也为其创业梦想的完成提供更多的动力支持。

二、激励动力机制构建的基本原则

高校创新创业教育的动力来源是多元化的，受到师生、高校、政府和社会机构等多方的综合影响。因此，高校在构建激励动力机制时应遵循一定的原则，确保各方管理决策主体可以相互配合、方向一致，将创新创业教育的力量发挥到极致。笔者从高校创新创业教育的内涵及要素特点人手，提出高校创新创业激励动力机制构建的三个基本原则。

（一）维护各方动力的动态平衡

这其中包含了两个层面，一是各方动力主体对于推动创新创业教育程度要相互适应，二是推动的方向要相互一致。其原因在于，推动高校创新创业教育的动力在比较之下会有强弱之分。若从高校创新创业的最优角度考虑，并非是动力越强越有效果。在宏观方面，如果政府、社会机构推动创新创业教育的动力大于高校时，那么，社会经济发展的作用会被盲目夸大，而政府和社会对创新创业教育的作用则会过分强调或估计过高，它们将会利用资源渠道与行政压力使高校迫不得已改变原有的教育规划，不利于高校的发展，同时也会影响其他教学课程进行；如果政府、社会机构推动高校创新创业教育的动力远小于高校，那么，经济作用将会被低估，政府和社会对于创新创业教育的关注度会逐渐降低，高校在资源备至方面也将面临困境。在微观方面，若高校师生的内外动力发展不匹配，则会造成动力失衡，阻碍创新创业教育的运行实施。

从第二个层面来看，如果仅是各方动力强弱相适应，但是发展方向不一致甚至是相反的，那么将会阻碍创新创业教育的实施运行。从宏观角度考虑，若政府和社会机构过分强调实践性的创新创业教学，而高校更为注重理论性的教学，则这两者对于发展导向的不一致将会使得高校的实际资源无法得到合理配置，社会也无法获得高素质的人才。从微观角度考虑，若高校注重教学水平与质量的提升，而教师则注重理论教学科研水平的提高，则高校会对教师的理论规划进行考核，如果教师的理论规划与高校相违背，那么，创新创业教育水平的质量与理论研究水平都无法得到可靠的保障。若高校注重实现创新创业的理念认同，而学生注重自身综合素质的培养及创业能力的提升，则高校提供的课程训练将不能满足学生需求，会导致教学资源的匹配失衡，收效甚微。总而言之，遵循高校创新创业教育的发展规律，走科学发展的道路是维持创新创业教育过程中各方动力动态平衡的重要保障。无论是宏观还是微观角度，师生、高校及政府间都应形成一种良性协调的关系。纵使各方主体的出发点、关注点有所不同，但是只要确保各方能够在推动创新创业教育的力量适度，并在方向上保持一致，便可达到一种动态平衡的理想状态。

（二）协调各方动力间的培育转化

高校创新创业教育的运行离不开各方动力主体的共同努力，各方动力的重视发展离不开精心地培育与转化。从宏观角度来说，培养学生全面发展的方法有很多，但是若想使得以政府转型升级为导向的动力融入高校创新创业教育中，就必须对其进行政策引导与资源的合理配置。而从微观角度而言，学生针对自身综合素质和能力的提升的方式有很多，但若要使得高校推动创新创业教育的动力通过特定途径转化为学生自身的动力因素，则必须开发培育出合适的动力载体。这种动力载体既要有显性，又要有隐性。对于高校创新创业教育来说，显性的动力载体有政府的鼓励政策、高校的奖惩规定及政府与社会机构提供的经费物质支持等；隐性的动力载体包括大众对创新创业行为的认同与尊重以及鼓励学生参与创新创业的校内文化活动等。只要能够使各层面主体参与到创新创业教育工作中，对其动力进行合理地引导、强化与推进，便可使高校创新创业教育的运行实施达到最佳的状态。

（三）防止各方异化发展

对于高校创新创业教育的动力，一旦调控不准确，或者力度与方向把控不恰当，就极易产生异化现象。动力异化主要表现在教育的工具化与应试化方面。政府及社会机构在推动创新创业教育的过程中，将其看作是社会转型升级与创造创业机会的工具，过度强调短期成果而忽略教育自身的价值规律。这便是工具化的体现。高校在这种错误化的引导下，会只关注学生的理论知识学习而忽略其创新理念的树立，同时也会违背追求全面自由追求的育人观念。而应试化则是高校通过考试的传统方式对学生参与创新创业活动情况进行局限地考核，无法从真正意义上体现学生的真实创业认知和综合素质，同时在一定程度上会打击学生的积极性和主动性。因此，高校在坚定创新创业教育发展目标时，要始终牢记追求自由全面发展的育人理念，并在此基础上形成特色的课程理论教学与科研实践相结合的人才培养模式。高校还可结合各方动力主体的建议策略，进行沟通交流，深刻总结认识创新创业教育的发展规律及本质特点。

三、完善激励动力机制的策略

在高校创新创业教育协同机制的运行过程中，其决策主体方可以制订科学合理的管理规划、明确自身的工作任务，以确保各参与主体方可以共同协作，拥有高度统一的思想意识与发展目标，从整体利益最大化的角度出发，发挥最大效能；同时，也应制定相应的行为规范与工作流程，要求各方严格按照规章准则来开展、推行工作任务，在所制定的标准体系内高效率地完成工作，并且还应建立奖励机制。此机制应以协作参与、信息透明共享作为行动准则，以更好地协调各方代表高效完成项目决策，增进彼此之间的沟通、交流与了解，培养各方代表间的合作默契，确保运行过程的公平、公正与公开，通过奖励机制可以有效地增强各方的竞争协同意识，从而提高高校创新创业教育机制整体的协同工作效率。

增强高校创新创业教育协同作用的关键在于完善利益分配制度。要激励企业及行业单位参与高校创新创业合作教育，就应完善利益分配与实施机制。首先，高校应当设立创新创业教育专项资金用于支持校企协调培养机制的建立健全，提高高校教学条件及加强设施建设。其次，高校还应对参与协同培养的活动的企业及导师进行激励补偿，以提高其参与创新创业教育协同培养学生的活动的兴趣与积极性。再次，高校要优化校企合作教育指导教师的考评标准，切实有效地对其教学质量与工作量进行评价，建立高效的晋升机制，以此引导指导教师重视学生能力的培养。最后，在分配利益时，要明确高校、企业等主体间的责任，建立健全责任追究机制，以促进高校创新创业教育的协同发展。

高校创新创业教育激励动力机制的高效运行离不开政府、企业及高校等的共同努力。

（一）政府可采取的策略

创造良好的创业环境需要国家和政府在资金与政策方面给予全方位支持。政府在高校创新创业教育协同机制中发挥着主导作用，可以从以下方面来完善高校创新创业教育激励动力机制。

1. 从国家层面上制定高校各项创新创业教育协同运行的新政策

政府可以积极引导企业和高校参与到创新创业教育活动中。我国应以政府为主导，制定多维协同的创新创业教育模式的激励制度。在多维协同创新创业教育的运行过程中，高校是实现创新路径的主体，而政府则是创新制度的主体。制度的创新可以推动路径的创新。政府作为资源的调配者，应制定有利于学生创新创业发展的激励政策，以降低学生创业风险，提供一定的资金保障。例如，政府可以制定多维协同的育人制度，促进人才培养体系的建立；也可以设计规划创新创业课程，调动各方主体参与创新创业的积极性。同时，政府还应重视通过管理及资源配置等手段，积极协调处理好高校、企业和政府三方主体间的关系，促使创新创业教育合作的顺利进行。

2. 建立健全创新创业的法律法规及政策，鼓励高校毕业生自主创业

政府可以协助高校创办创业竞赛，为学生提供沟通交流的平台，为一些优秀的创业项目提供资金支持，以优化社会创业环境。政府也可以设立创新创业项目资金。创新创业教育的运行离不开外部环境的支持。因此政府需要优化创业环境，设立创业基金，利用财力、技术等资源优势助力高校创业人才的培养，拓宽创业渠道，帮助高校毕业生所创办的企业的健康成长。从国家层面角度考虑，政府要重点对学生创业项目进行扶持，设立创新创业专项基金作为学生创业活动的启动资金，同时也可设置学生创业培训资金补贴。

3. 加大对创新创业知识产权的保护力度，保障创业学生群体的合法权益

在创新创业的实践活动中，由于缺乏对无形资产专业评估的中介机构，学生的创业成果往往被低估忽视。因此在发生产权纠纷时，创新创业学生的权利会受到损害，创新创业学生处于弱势地位。所以政府对于高校创新创业法制环境的优化迫在眉睫。对于企业而言，政府可以让企业导师进入高校为创新创业的学生提供指导性意见。同时，倡导与鼓励高校将产业部门的人才需求反馈到教学科研的规划中，有针对性地对高校创新创业人才进行培养；与企业积极合作，完善校企协同人才培养的模式；在前期产学研相结合的基础上，推进全面协同育人工作，将服务于经济社会发展作为人才培养的目标方向。政府也应引导与鼓励校企联合培养的创新创业人才充分利用高校与企业的教学资源与环境。

4.促进产学研合作教育的主体动力机制的构建

企业与高校合作的最直接外部动力便是市场需求及通过产学研相结合产生的合作收益。产学研相结合是企业与高校共同构建的联合创新实体，它是一种由松散到紧密发展的创新模式。高校实行此创新模式，不仅可以充分利用智力资源，而且可以提高解决问题的能力，为科研创新开发团队提供强有力的载体。创新创业与产学研相结合会给企业带来相应收益，从而激发企业对其合作的意愿，进而使企业增加合作经费、人资及物力成本的投入。通过产学研合作教育可以培养具有实践能力的高素质创业人才；科学有效的教学课程规划也可以促使高质量师资队伍的产生；在产学研合作教育下，师生都能得到了宝贵的实践机会与经验。所以，政府应为产学研合作教育的主体动力机制的构建提供政策及资金支持，以大力促进该机制的建立健全。

5.强化高校学科与产业发展协同机制

高校的学科建设与产业的协同发展不仅是单一学科和企业的对接，更是跨区域学科集合的对接联动。这种合作形式在一定程度上可以促进产业的转型升级，有利于提高高校集群服务的能力。

（二）企业可采取的策略

企业在高校创新创业教育激励动力机制中也发挥着支撑作用。企业是技术的应用者、追求利益的最大化者及创新成果转化的推动者。企业可以通过发挥创新创业教育的作用，达到获得人才、财力及技术的目的，从而降低成本，增加收益成效。企业可以配合高校参与创新创业项目。同时，企业也可以反馈参与信息。企业的责任具体包括拓展市场技术、转化科研成果及提供技术等。

（三）高校可采取的策略

对于高校而言，可以从以下方面完善高校创新创业教育激励动力机制。

1.健全创新创业教育课程体系，使课程更加体系化与系统化

高校学生的创业素质与意识的培养离不开创新创业课程的指导。因此高校应当完善创新创业教育课程体系，使课程更加体系化与系统化。为了解决创新创业教育超过专业教育界限的这一问题，高校要对教学理念进行改革，应注重基础性的教育，将创新创业教育的基础性教育与学科专业教育紧密联系起来；要积极开展教学科研实践活动，安排教学进度与步骤，通过创业导师的经验传授，增强创新创业的学生对创业的决心与信心；同时，可以为学生创造良好的

创新创业环境，激发学生的创业潜能，使其产生一定的创业动机，并投入创新创业的实践活动中。

2. 将创新创业教育纳入人才培养计划中

创新创业的人才培养是一项系统复杂的工程，需要政府、企业及中介机构多方协同配合。其合理高效的运行不仅有利于大学生创业知识的增长及技能的提高，而且有助于创新创业教育的发展，更有利于提升大学生创业的核心竞争力，对于创新型人才的培养也起到一定的促进作用，为国家"一带一路"的发展战略提供了人力与智力资源支持，有助于加快社会主义和谐社会的发展进程。所以，高校应将创新创业教育纳入人才培养计划之中，重视实施创新创业教育。

3. 建立科学合理的组织机构

科学合理的组织机构是高校创新创业教育的组织保障。该组织机构的建立应遵循全面覆盖、统一指挥的原则。高校应当在校级层面设立高校创新创业调控中心，以统筹创新创业教育的指挥工作，同时负责全校创新创业师资力量的培训、分配与调度工作，实现各方主体间的合理有效沟通；应在二级学院应设立创新创业办公室，并将之作为师生与高校间的联络中转站；还应在创新创业办公室下属机构设立创新创业发展中心及实践部，强化学生的创业实践能力，加强专业实验室与训练中心的设施建设，通过多种形式的教学活动激发学生的创业激情，提升其自我的认识水平。

4. 培养高质量的创新创业师资队伍

创新创业教育的推广与高质量的师资队伍建设密不可分，创新创业课程应当作为一种指导服务，指引学生的行动。高校应引进创新创业教育方面的人才，加强师资队伍的创新能力培训，在条件成熟的情况下，聘请校外创新创业教育专家开设教学课程，建立一支专职与兼职相结合的高质量创新创业师资队伍。同时，引导学生转变就业观念，为创业做好充分准备。创业是一种自我价值的体现，是一种高质量的就业形式。同时，创业的过程充满未知与艰辛。所以，高校应提高创业学生的管理决策与人际交往能力，使其能够充分认识和科学评价自身，从而激发潜在的创业能力。

第三节 调控机制

高校创新创业教育在运行的过程中有多个行为主体的参与。而各行为主体会因自身利益、情感及认知的不同在运行过程中会产生行为冲突。这便会阻碍高校创新创业教育的发展进程，产生难以解决的问题与矛盾。要保证高校创新创业教育正常的运行实施，就必须进行合理调控。高校创新创业教育调控机制可以被理解为其内外各要素通过制定目标、合理定位及发挥作用等解决运行过程中出现的矛盾与问题的机理。调查运行情况与调整目标是高校创新创业教育调控机制的核心任务。该机制可以对运行状态进行合理地评估，以确保及时发现运行中存在的矛盾与问题，保证问题可以在第一时间内得到快速解决。

一、调控机制调查评估环节

对于高校创新创业教育运行情况进行科学调研及对矛盾与问题进行准确判断是调控创新创业教育运行过程的工作内容的重要组成部分，而建立调控机制的重要前提便是设计科学合理的运行情况调查环节。设计调查评估环节的重点在于明确调查评估环节的主体、调查评估环节的对象及内容以及调查评估环节的途径及方式。

在设计运行情况调查的环节时，涉及的学校部门以及实践教学活动较多。因此必须明确调查评估的主体，明晰其责任，从本质上对高校领导机构的决策进行干预、指导和管理。这样做可以为资源合理配置打下良好的基础，以促进创新创业教育的快速发展。同时，为了提高解决矛盾与问题的效率，工作领导机构和专家委员会的两个决策主体内部应分别设立调查与评估的执行部门。这样不仅可以提高反馈效率，而且能够保证评估机构的权威性。同时，为了保证评估反馈信息的客观性，还可以引入校外的第三方调查评估机构。这是对评估工作的一大补充。三方的工作性质在一定程度上较为相似，但是侧重点却各不相同：领导机构设立的调查部门主要从创新创业教育的宏观层面着手，负责整体投资与资源调配；专家委员会设立的评估部门则更侧重于微观角度，例如师生的建议策略及教学科研活动的设计；校外第三方专业评估机构则侧重于创新创业教育的整体运行情况，使创新创业教育达到期望的目标。

评估环节同时也可对学生的创业项目进行全面综合划分，应从长远发展来看待创业选择的方向，对近些年创新创业领域的发展状况及存在数量进行细致盘点，如果发现市场中的领域已经处于饱和状态，那么就要用建设性的眼光对项目未来的发展趋势进行估测研究，从而测出其发展潜力。这些举措都可为创业学生提供有利的参考性建议，以确保其创新创业项目不会失去独创价值。

完善的评估环节需要对主体进行定期的综合评价，既包括了对政府是否能够充分利用自身职能协调各方利益，推行政策实施的评价，也包含了对企业是否可以为创新创业的学生提供成熟的实践基地的评价，以及对中介机构是否为学生制定了完善的创业服务体系的评价。只有对各主体进行定期核查，才能端正、检验其工作态度，对各参与主体起到监督促进的作用。

创新创业协同评价机制是调控机制中的一个部分，它有助于提高创新创业教育机制运行效率。首先，高校在实践教学科研效果评价的机制下建立创新创业教学效果评价机制可以有效地评价校内师生，提升教学科研效果，并逐步提高专业实践教学的质量。其次，企业与高校可以协同推进创新创业教学评价，将教学质量与教学报酬、评优及职务晋升联系起来，以激励企业单位重视创新创业教育的运行。

创新创业教育质量考核评估机制是调控机制的另一个组成部分，它可以通过对创新创业教育的实施水平与效果进行及时反馈，对教育活动做出价值评估，进而提高学生的创业技能与素质，对于优化创新创业教育以达到价值增值的目标具有推动作用；有助于约束和规范各方主体的协同关系，是维持协同关系的制度保证。构建新型的考评机制有利于激发企业参与高校创新创业教育的积极性。一方面，在外部考评上，上级政府部门将创新创业教育的质量作为教育质量的重要指标，同时要求第三方机构对其进行绩效评估，接受舆论的监督。另一方面，在内部考评上，协同双方应立足资源调配和项目执行等方面进行绩效评估，明确各方的权力职责，逐渐健全跨界协同关系下创新创业教育体系的管理制度。科学有效的评价体系对于协同育人的过程及环境具有重要意义。创新创业教育协同育人环境的考核评价内容包括高校毕业生创新创业法律法规、创业扶持制度政策及创业咨询机构的数量等。协同育人的教学水平评估包括课堂与实践的教学评估。课堂教学评估包括核心课程规划设计评估及教学方法评估；实践教学评估包括校内实践教学评估和校外实践教学评估，具体评估内容为创新创业竞赛、实践活动及论坛的举办成效等。考核评估的内容要全面。不仅应对创新创业教育活动的结果进行评估，也要对活动的过程进行认真监测。定性与定量研究相结合的方法可以作为评价的一项绩效指标。

高校创新创业教育体系可以分为参与主体、育人载体、投入状况以及整体效果四个层面。当然，对于创新创业调查教育的运行情况也可从这四个层面进行细致分析与总结。调查评估人员可以通过访谈的方式来了解师生对于创新创业教育情况的个人态度；而对于教学课程的形式和内容要进行不定期的监测，从而发现育人载体中所存在的不足之处；对于人力、物力以及财力资源的投入情况，要进行深入的分析；了解参与创新创业培训的学生的综合素质、创业意愿以及师资力量的变化是了解整体效果必不可少的一个环节。总之，这四个层面对于建立高校创新创业调控机制具有举足轻重的作用。建立四位一体的多元评估体系对于调查评估环节也尤为重要，不仅可以及时获取评估运行的具体信息，而且可以为决策系统提供高效的反馈信息。

在调查评估的环节中，若要了解参与主体的主观感受，则必须制定合理的访谈纲要。可以通过合理的访谈形式了解参与主体的意愿感受，并对访谈信息进行整理总结。而在育人载体和资源投入层面上，由于这些评估对象都是客观存在的，所以其结果具有客观存在性。调查评估人员在此调查环节应当明确地将调查的标准、具体的课程覆盖范围以及经费投入情况纳入评估体系中，从而建立规范的创新创业教育评估体系。在整体成效的评估环节，可以针对不同的教学阶段对参与主体进行测量，从而获取所需的信息数据，在微观角度应侧重于对个体现状的调查，而在宏观角度应侧重于创新创业教育整体成效的研究。

在高校创新创业教育中，教育与创业主体的分离是导致创新创业教育问题不断产生的重要影响因素。要想解决这种矛盾与问题，就必须从学生的角度来推进创新创业教育的改革进程，将师生间的单向传输转变为两者之间的双向互动，将教学创业主体的二元分离转变为多元主体的协同发展；努力分析各方利益诉求和特点，从创新创业教育属性出发，打造利益发展共同体，尤其是以政府、高校、企业构成的创新创业教育发展共同体，最终实现多元主体的协同发展。在高校创新创业教育的运行过程中，政府应当为创新创业教育提供政策制度保障，负责政策的供给落实；高校则应不断推进人才培养模式的升级，力求在课程教学体系与方式方面满足学生的个性需求，为创新创业教育提供动力支持和机制保障；教师应当在创新创业教学领域中，充分发挥学生的主观能动性，实现师生的共同发展与进步，同时，学生应当树立正确的创新创业价值观，积极参与创新创业竞赛，在比赛中获取经验，提高自身的创业综合素质；企业则应当积极参与创新创业活动。充分发挥创新创业教育共同体的职能，可以解决各方参与度与积极性不高的问题。

二、调控机制的协调完善环节

调控机制可以利用高校创新创业教育调查评估主体所得到的反馈信息，来协调各方主体对工作规划与行动。由于调控机制的调查评估环节所涉及的部门众多，在此过程中会涉及跨部门合作，因此可以从组织和制度这两个层面来推进高校创新创业教育。

跨部门合作的首要问题便是各方利益的不平衡以及目标不一致。一旦两个部门间缺乏协作和沟通，就会影响整个创新创业教育的成效。因此，结合我国高校的实际情况，我国需要成立一个富有权威性的管理组织来对跨部门协作过程进行管理。该组织的职能便是打破部门之间的合作壁垒，加强部门间的交流沟通，最终实现行动的统一性。同时，高校领导及相关职能部门的加入，不但可以增强协同合作管理机构的权威性，而且有助于对教育资源的争取以及部门间的沟通交流，更能使得领导机构与各部门院系间达成共识，促进工作的贯彻落实。

多部门间的工作交叉将导致跨部门协作的效率低下且极易产生矛盾与问题。为了消除由这种模糊工作职责造成的合作障碍，一要明确各部门在协作过程中的职责权限，可以利用协商性的工作文件与会议将分工制度化；二要明确职责主体的工作，加强难以划分职责权限的部门之间信息交流的联系及拓宽信息反馈渠道，以减少和化解工作矛盾。

科学合理的组织框架可促进高校创新创业教育调控机制的协调完善，同时，在制度方面，还可使工作更加稳固。高校创新创业教育的跨部门协作的可持续化、规范化，既要求有规章制度的刚性保障，又要求有文化交流的柔性保障。

从跨部门的刚性保障角度考虑，如果仅仅依靠部门间的口头协议和人际主观因素来协调部门间的关系，是难以持久下去的。这样的方法无法保证高校创新创业教育的稳定运行。只有构建出协作部门都认同的规章制度，以强有力的手段进行规范，当再遇到矛盾问题时，才能确保协作的可靠性与持续性。高校创新创业教育跨部门协作的制度需要强制力加以保障，因此，首先应明确协作制度制定机构。高校创新创业教育工作领导机构与专家委员会作为两大决策主体，可以根据相应的决策范围和侧重领域对协作制度进行制定。其次，两大决策主体应建立一致的制度体系。由于决策主体的不唯一性，在制度标准方面或许会产生矛盾与冲突，因此，两大决策主体就必须在制订协作制度方案时充分了解双方意愿，加强沟通交流，建立一致的制度目标体系。最后，在充分了解和调研各职能部门及科研教学机构的基础上，两大决策主体应协调共同建立制度执行的监督机制，通过预警等强有力的手段将协作制度落实到位。

从跨部门的柔性保障角度考虑，文化交流应当以共同的价值取向和理论信念作为基础。一方面，各部门应以相同的价值取向为纽带，从整体利益最大化的角度出发，制定自身的行为目标；另一方面，可以构建更多的良性沟通平台和协作机制，拓宽交流沟通渠道，制造更多的常态化对话机会，做到资源共享、信息互助，营造一种良性和谐的文化合作氛围，以培养部门间的默契。在此过程中，也可增强各部门的合作意识，建立长期有效的互动信任机制，这有助于构建协作文化生态，满足共同的价值理念与目标追求，可以增强部门成员的向心力与凝聚力，对于高校创新创业教育的未来发展具有重要意义。

第七章 创新创业教育协同机制的保障

建立一个完善的高校创新创业教育协同机制保障体系能够保证创新创业教育教学活动的顺利开展。不同于其他形式的教育，创新创业教育旨在促进人的全面发展并满足经济社会发展的需求，是一种崭新的形式，其实施比较复杂，需要建立一套成熟的保障体系。高校创新创业教育协同机制的顺利运行有三个关键点：一是组建高水平的教师队伍；二是保证教学质量；三是创造良好的教育环境。结合高校创新创业教育协同机制运行的这三个关键点，笔者认为创新创业教育协同机制保障体系应包含三个部分：一是教师队伍保障体系，二是质量管理保障体系，三是制度环境保障体系。

第一节 教师队伍保障

教师是创新创业教育的主要实施者。学生对于创新创业理论知识学习和实践训练离不开专业教师的指导，创新创业教育相关目标的达成离不开老师的教学实践。因此，只有组建完备的教师队伍保障体系，才能保证创新创业教育协同机制的成功运行。优秀的创新创业型教师队伍是高校创业教育的重要力量。加强优秀教师队伍建设是创业教育协同机制的根本保证。教师是推进创新创业教育的中坚力量。教师队伍建设是开展创新创业教育的关键所在。高质量、优秀的创新创业型教师队伍，对高校学生创新创业能力的提高，具有举足轻重的作用。开展创新创业教育需要一批专业化的教师队伍。组建一支具有创新创业教学科研能力、具有足够经验或兼具经验和科研能力的教师队伍是创新创业教育协同机制的重要保障。

关于教师队伍建设，创新创业教育有两方面特征：一方面，由于创新创业教育开展较晚，所以在初期推行创新创业教育过程中会出现教师缺乏的情况；另一方面，创新创业教育必须做到理论联系实际，必须要有理论授课教师和具有丰富创业经验的教师。鉴于这两个特征，笔者认为创新创业教师队伍保障体系建设的内容应该包括构建一支结构合理的专职教师队伍和一支兼职教师队伍、加强创新创业教育师资建设。

一、构建一支结构科学合理的专职教师队伍和一支兼职教师队伍

高水平、高质量的教师团队是顺利开展创新创业教育的前提条件。推动优秀的创新创业教育教师团队建设是发展创新创业教育的前提。教师是促进该教育发展的主要力量，在课程研究、教学方式改进、教学成效提升等方面起着至关重要的作用。新时代教师必须符合创新创业教育新的要求。参与教学的教师必须具备一定的创新创业理论知识、经验和能力。通常专职教师的数量是依据专业需求得以确定的。另外，高校还会聘请企业里有丰富创业实践经验并兼有理论知识的专家作为兼职教师，并邀请成功的创业者来学校开展创业讲座。为了推动创新创业教育的发展，高校要招聘高质量的创新创业教育人才，构建一支与时俱进的专职创新创业教育教师团队。在组建一支高水平的专职教师队伍的同时，还需要聘请一些创业实践型教师，从国内外企业中邀请兼具实践经验和理论知识的全面人才，如聘请成功的创业者、经管行业专家、投资专家等作为兼职教师。他们通过开展专题讲座等形式，不仅能让本校教师更新理论知识，还能向大学生传授有用的实践经验，提高学生对创新创业的兴趣和积极性。高校可以和一些国内外企业建立合作关系。而合作企业提供一些先进的创业理念和实践项目，利用企业职员讲课、开展讲座、指导实践等形式，培养大学生的创新创业思维能力，激发大学生的创新创业热情。只有这种全面的教师团队才能推动创新创业教育的发展。专职教师主要包括本校专门研究创新创业或与其密切相关的教师；兼职教师主要包括其他学校创新创业专职教师以及有创业经验的企业职员和政府职员等。兼职教师中其他学校专职教师主要承担创新创业理论教育方面的工作，兼职教师中有创业经验的企业职员和政府职员主要承担创新创业实践教育方面的工作。

（一）专职教师队伍建设

高校需要一支专门钻研创新创业教育及相关领域的师资团队，来对教学理论进行深入研究，以探究学校开展创新创业教育的现状、问题以及解决对策，探究高校创新创业教育发展规律和趋势，为高校创新创业教育变革、实施提出科学的、权威的、有效的理论依据。该师资团队需要分析目前的就业形势和创

新创业形势，探究就业规律和创业政策，总结有效的创新创业办法和技巧，从成功案例中总结创业者的必备素质，推动构建创新创业教育理论体系，编写出实用的学科教材等。高校创新创业教育专职教师队伍主要包含两类人，一是专门探究创新创业教育的教师，二是探究与创业教学密切相关领域的教师。

一方面，高校应促进创新创业教育学科发展，搭建师资培训平台。创新创业教育的目标、教学内容和形式是独立的，因此专职教师团队培训也应是独立的。高校应鼓励有创新创业教育研究经验的专家开设创新创业教育课程。这样不仅可以逐步促进创业教育的发展，提出利于创新创业教育实行的建议，而且可以培养出理论知识渊博的博士和具有创业实践本领的硕士。另外，高校还可培训专门教学人员以组成高水平的创新创业教育教师队伍。

另一方面，高校应搭建创新创业教育教师进修培训平台。创业所需要的知识包括社会学、政治学、经济学、管理学等多领域的知识。所以，高校创新创业教育与社会学、政治学、经济学、管理学等学科以及思想道德教育都相关。优秀的教师队伍对大学生创新创业能力的培养起着关键的作用。但是当前高校中既有创新创业理论知识又有创业实践经验的专业老师是十分稀少的，大多数教师都只接受了短期的教学培训，只能传授基础的创业知识，实践经验不足。而教师只传授基础知识，是不能培养大学生的创新创业实践能力的。这是一个阻碍高校创新创业教育深入发展的重大问题。所以，提升创新创业教育教师质量、组建优秀的教师团队是目前迫切要解决的问题。在开展创新创业教育的初期，高校可以为教师提供进修培训的机会，让他们参加一定的基础知识理论培训，以充分适应创新创业有关科目的教学要求。为了提高师资研究能力，高校可以鼓励教师参加国家级的创新创业培训会、地区论坛会、研讨会，选派优秀的教师出国访问学习，以发现国外教育观念、教育方法与国内的不同之处；为了丰富教师的创业经历，高校可以实施"产学研一体化"模式，使教师参与到企业的经营治理中去。

（二）兼职教师队伍建设

高校除了需要组建一支知识渊博的专职师资团队外，还需要建设一支实践经验丰富的兼职教师队伍。兼职教师队伍建设需要引进具有创新创业能力的教师，聘请国内外具有创新创业实践经验和丰富理论知识储备的全能型人才，如企业家、创业成功者等。他们作为高校创新创业教育的兼职教师主要以开展专题讲座的形式教育和指导学生，提供直接经验，让高校学生能够了解到更多有效的经济管理知识和办法，以提高学生创新创业的热情和创新创业的能力，进而使他们未来创业更加顺利。高校创新创业教育兼职教师队伍也主要包含两类人，一是其他学校研究创新创业教育的教师，二是有丰富创业经验的公司和政府职员。

（三）构建区域创新创业教育教师共享体制

一些高校自身可能会存在专业教师不足的情况。此时，高校可以联合本区域其他高校建立创新创业教育专业教师资源库，建立师资共享机制，以开放的心态灵活机动地利用本地区优秀的教师资源。这样做，各高校不仅可以利用学校之间师资的资源共享机制来解决教师缺乏的问题，而且可以充分了解到其他高校创新创业的优点和特征，提高高校创新创业教育的水平。此外，高校可以作为带头人，联合本地区政府和企业，建立创新创业教育校外实践基地，聘请有丰富经验的公司及政府职员来担任实践基地教师。这些教师用自己的经验引导学生，承担着提高学生创新创业实践能力的责任。

二、加强创新创业教育的师资建设

教师是开展学校创新创业教育的主体之一，承担着培育人才以及提升大学生创新创业实践能力和创业积极性的责任。一个国家和地区的教育水平从根本上取决于教师队伍的整体素质。没有一流的教师，就培养不出一流的人才；没有高水平的师资队伍，就办不好令人民满意的教育。因此，创新创业教育的教师团队质量会对创新创业教育产生重大影响。组建一支具有创新思维、丰富实践经验和专业理论知识的教师团队是保证创新创业教育教学效果的核心。借鉴国内外高校创新创业教育教师团队建设的先进经验，并联系我国高校实际情况，笔者可以从以下几方面来加强创新创业教育的师资建设。

（一）设定严格的创新创业教育教师的聘用条件

目前，我国高校还没有专门的创新创业教育专业，所以创新创业教育教师非常稀缺。为了确保创新创业教育的正常开展，主管大学生就业的部门教师和一些经济管理学院的教师来负责创新创业教育的教学工作。其实，大部分教师没有接受过长期的创新创业教育培训，并且几乎没有创新创业经验，教师团队质量普遍较低。所以高校在组建创新创业教育队伍时，要挑选各方面的水平都比较高的教师，可以在学历、专业、创新创业经验等方面设定严格的准入条件，既要看重教师的创新创业教育理论知识，又看重其创新创业实践能力；不仅要重点考查教师的创新创业思维能力、教学水平、知识储备和实践能力等方面，还需要考查其最基本的思想道德品质，提高入选门槛，挑选出一支高质量、优秀的教师团队。

（二）优化创新创业教育教师团队结构

首先，高校应组建高质量的专职师资团队，高校应该建立创新创业教育教师培训制度，组织教师参加国内外培训活动并鼓励教师去企业挂职获得实践经验，尽力为创新创业教育教师提供优质的学习环境。其次，应充分利用本校各专业教师资源，组建一支拥有不同专业知识的教师队伍来开展教学活动，使创新创业教育师资团队结构更趋于合理化。再次，应重视挑选和培养优秀的创新创业教育教师。依据严格、公平的准入条件，选拔出一支高水平、高质量的优秀教师队伍。最后，应组建一支经验丰富的兼职教师队伍，应聘请创业成功者、企业职员、风险投资者、经管类专家等来担任高校的兼职教师，来弥补高校实践型教师的不足，向学生传授创新创业实践经验和技能，为他们提供支持和帮助。

（三）强化教师培训，建立系统的创新创业教育师资培训制度

优秀的教师团队是创新创业教育的基础。挑选和培训教师是组建高水平师资队伍的唯一办法。创新创业教育对教师提出了更高的要求。教师需具备创业基础知识、创业经验和创业能力。强化创新创业教育教师培训、提高教师的综合素质是促进创新创业教育深入发展的关键。高校需要使教师团队从目前的知识型、传授型向创新型、多样型转变，重点训练教师的创新思维和实践技能，让他们探究出提升学生创新意愿和思维能力的办法。为了实现培养出具有创业素质的学生的目的，高校一方面要鼓励教师"走出去"，即鼓励优秀的教师参与创业实践或者独立创业，让教师充分将理论和实践联系起来，提升其教学和实践的综合能力。国外许多高校的教师都亲身体验过创业的全过程，他们更加清楚目前的创业形势、发展趋势和实际创业过程中会遇到的问题。另一方面，要尽力组织多种创业实践活动，创造让国内外创新创业教育教师之间相互交流和探讨的机会。教师需要接受专业化的全面培训，还需要参加各种研讨交流会、成功案例分析会和创业经验会，提升全方位的能力。

（四）建立系统化的创新创业教育培训制度

一方面，高校要拓展创新创业教育教师的培训途径。各高校可以定期邀请国内外专家学者到本校开展创新创业教育专题讲座，为本校教师和外校教师更好地进行交流学习提供更多的机会，让本校教师学到更先进的教育理念和经验；

每年选派优秀骨干教师参加国内外举办的创业研讨会和培训会，让他们学习到目前最新的创新创业教育理论知识和了解到与创业有关的一线动态；派优秀教师到企业挂职工作，坚持理论和实际相结合的原则，让他们从具体实践项目、企业运作管理等工作中，获得创新创业实践经验，然后将在企业实践中学到的知识传授给学生，不断丰富教学内容。另一方面，应增大培训强度，提升师资队伍的整体质量。首先，要与时俱进，定期更新创新创业有关理论知识，并扩展教师多方面的专业知识，如经济、管理、法律等方面的知识，提高其综合素质，培养其综合运用知识的能力。其次，鼓励教师研究创新创业教育理论，使教师在研究过程中，逐步完善创新创业理论，提高教师创新思维能力。最后，提高教师的创新创业实践能力。为了丰富教师创新创业实践经验，高校应该为教师们创造更多的实践条件，尽力解决他们在创新创业实践过程中碰到的问题，提高教师创业积极性，让所有的创新创业教师都敢于创业和实践。

（五）做好教师队伍的激励机制建设，完善教师考评和激励机制

高校应对教师进行职业道德教育，提高其创新创业教学的积极性、主动性和责任意识。不但要多开展教师培训活动，强调创新创业教育对国家未来发展的重要性，而且要借助网络、校报期刊、横幅、微信等宣传工具，营造一种积极的创业氛围，由此增强大家对创新创业教育的认同感，增强教师工作的成就感。

对于创新创业教师的工作量，高校应依据其教学特点，把教师做过的开展创业讲座、指导创新创业实践等工作换算成教学工作量。在绩效考核过程中，要清楚教育质量管理组织结构，制定重要教育环节质量管理标准与教学管理制度，健全教育质量保障分析系统与质量反馈信息处理系统，构建人才培养质量控制模式。因为教师是高校创新创业教育中的主导者，所以高校必须要提高教师综合素质和实践能力；必须要加强对创新创业教育的考评，综合考虑教师的教学水平和教学能力，在某种意义上消除"纯学术学者"，让教师团队从如今的知识型、传授型向创新型、多样型转变。

高校还应完善教师考评和激励制度，提高教师对创新创业教育工作的积极性。绩效考评要依据创新创业教育的特点，综合运用定性与定量的办法来考查教师的创业意识、研究能力和教学水平等。高校应制定明晰的激励制度，向取得优异成绩的教师提供一些物质奖赏和精神表扬；并为从事创新创业教育研究和创业实践的教师提供实践基地和资金支持。这些物质保障有利于吸引高质量的师资力量和确保创新创业教育的顺利开展。

第二节　质量管理保障体系

《国家中长期教育改革和发展规划纲要（2010—2020 年）》中指出，教育改革的核心任务是提升教学质量，树立以提高教育质量为核心的教育发展观，构建以提高教育质量为导向的管理制度和工作机制。高校教育改革发展的核心任务也是提高教育质量。高校可以组织创新创业教育质量保障领导负责小组和专家小组，利用行政力量和学术权威，协同保证创新创业教育质量。要建立行政和学术体系下的教育质量保障体系，就要对高校创新创业教育质量进行深入评价和分析。高校创新创业教育质量评估制度，是大学创新创业教育质量管理保障体系的重中之重。教育质量管理保障不仅包括创新创业教育师资、物资等保障，还包括创新创业教育的教学成效保障。在此基础上，笔者认为我国高校要建立以加强创新创业教育评估为重点的创新创业教育质量管理保障体系，按期考评高校创新创业教学组织状况与教学成效，随时监测并对其实施情况进行考评，为提高教学质量提供科学依据并充分利用各种资源。

一、创新创业教育教学组织状况评估

高校创新创业教学组织状况的评价内容主要集中于高校对创新创业教育的重视程度和各方面的投入情况。评价高校创新创业教育教学组织情况是深化教育改革和提高教育质量的前提。创新创业教育教学组织状况评价的关键是选择科学的考评指标。一般来说，考评指标可以分为投入、过程和效果三个方面的考评指标。投入方面的考评指标主要涉及创新创业教育的各方面投入状况，包括政策保障、教师队伍投入、资金投入、管理人员投入、基地建设投入等方面；过程方面的考评指标主要涉及创新创业教育具体课程安排、教学方法、教学服务保障、组织管理等方面；成果方面的考评指标主要涉及学生理论学习成绩、能力状况、实践技能等方面。鉴于高校创新创业教育组织状况评估主要考评高校对创新创业教育的重视程度和投入状况，所以笔者选择以下几个考评指标。

（一）政策保障情况

政策保障情况不仅包括高校对创新创业教育的行政支持情况，例如：是否组织成立了创新创业教育任务领导小组，是否及时处理了与创新创业教育有关的各项工作；而且包括高校对此类教育的学术支持情况，例如：是否建立了创新创业教育学术研究的激励制度，是否组建了创新创业教育专家小组，是否为创业教学质量的提高提供了坚实的政策基础。

（二）教师队伍投入情况

教师队伍投入情况不仅包括本校创新创业教育专职教师和兼职教师的人数，而且包括优秀教师数量占全部教师数量的比例，拥有博士学历的教师所占的比重和正、副教授所占的比例。

（三）资金投入情况

创新创业教育能否顺利开展的核心是资金的投入。高校创新创业教育资金投入由两部分组成，一是基础资金投入，即创新创业教育研究资金的投入，二是重点资金投入，即创新创业开展教学活动的资金投入。其中开展教学活动的经费主要包括显性课程和隐形课程管理运行的资金投入，也包含对优秀人才投入的资金，如补贴优秀学生参加创业实践比赛所需的花费、创业项目研究经费等。

（四）管理人员投入情况

创新创业教育管理人员范围很广，即创新创业教育体制中除了教学人员以外的所有人员。他们主要从事创业教育的隐性课程的相关工作，例如，判定是否建立专门的创新创业教育管理机构，管理创新创业教育的职员数量等。

（五）基地建设投入情况

基地建设包括创新创业教育理论研究基地和创新创业教育实践锻炼基地。理论研究基地是建立在校内的，是学生学习理论知识、研究理论的主要场所。实践锻炼基地是有创业意愿的学生实践锻炼的重要场地，该基地一般建在校外，主要由高校联合政府和公司共同建立的。基地建设投入的考评指标包括软件标准和硬件标准。软件标准包含基地配有的理论教学教师和实践指导教师，硬件标准包括创业教育基地的个数和基地能容纳的学生人数等。

（六）教育课程安排情况

高校创新创业教育的显性课程包括大学必修课、选修课或者辅修课，这些课程能让学生获得创新创业教育的基础理论知识，另外也包含专业课程、思想道德教育、通识课程等，有利于提高大学生创新创业的能力。高校应该设置科学合理的创新创业教育显性课程。课程内容应涉及创新创业理论知识、创业技能要求、当前的创业形势等。该类课程应能传授学生基础的理论知识、提高学生创新创业的能力、让学生了解到创业的价值所在，以及培养学生的创造性思维和调动学生创新创业的积极性。隐性课程并不是传统的课程规划中的大学课程，而是借助学校文化和学习环境来影响学生的课程，关系到学生综合素质的提升和身心健康的发展。高校创新创业教育隐性课程是在课外开展的，需要学生从本校学习氛围中学到创新创业相关理论知识。创新创业教育隐性课程不同于显性课程，具有两个特征。一是形式更加多样，显性课程主要采取传统的教室教学方式，而隐性课程要借助于一些课外活动，能使学生通过参加这些活动学到有关创新创业知识和提高创新创业实践能力。二是隐性课程的学习过程更加轻松。创新创业教育隐性课程把有用的创新创业知识等放入到具体场景中，通过活动使之展现出来，能够使大学生在轻松快乐的环境中获得知识，并能提高学生创新创业学习积极性。

（七）教学方法方面

高校创新创业教育教学方法是指高校为了培养出具备较强烈的创新创业意愿、熟知创新创业理论知识和具备实践能力的学生，在教学过程中采用各种办法使教学目标转变为教学成效。笔者认为创新创业教育应采用传授与启发研究相结合、理论与实践相结合的教学方法，也可采用实践教学法、理论传授法、案例教学法、启发教学法等教学方法。

（八）服务保障情况

要完善创新创业教育服务保障体系，需要做到以下三点。第一，创建大学生创新创业指导服务中心。指导服务中心一方面可以向创业实践队伍提供经费、场所和人才等支持，另一方面可以强化大学生与企业之间的联系。所以，各学校应结合本校具体情况，设立专门的创新创业指导服务机构，以便对创业的学生和创新项目提供一对一帮助服务并给予及时指导，时刻关心他们的未来发展趋势；对于创业失败的学生要帮忙分析问题并找出对策，鼓励他们继续努力。第二，创建创新创业教育实践基地。高校应该为学生提供一个将想法转为现实的场所，创建设施齐全的创新创业教育实践基地，且应在建好创新创业教育实践基地后，充分利用其实践功能，向全校师生宣传，增加受益群体数量并进一步完善其管理制度。第三，创建创新创业教育信息化服务平台。学校应充分发挥网络和图书馆强大的宣传信息的作用。可以在图书馆设置一个为学生提供创新创业教育系列书籍的专门书架，在书架上面摆放整理好有关创新创业方面的书籍和期刊，且应实时更新有关创新创业类的文献资源，让师生享受到各方面的信息服务。此外，当前是"互联网＋"的时代，人们获取信息的重要途径也是通过网络。构建网络化的信息服务平台，可以让高校师生更加方便快捷地获取到更多和更加准确的最新创新创业政策、相关讲座、典型案例等资源，充分发挥图书馆和网络的学习功能。

要想充分了解到高校创新创业教育目前开展的现状，就必须设定创新创业教育组织情况考评指标。这样做，不仅可以促进高校创新创业教育的健康发展，还能促进创新创业教育理论研究和创新创业实践的发展。借助创新创业教育评估指标，对其进行纵向比较，可以看出高校对创新创业教育的投入和重视的变化情况；对其进行横向比较，通过对比不同高校的开展创新创业教育情况，借鉴其好的办法，可以为领导制定创新创业教育政策提供宝贵建议，也能为全省市甚至全国制定教育有关政策提供现实依据。

二、创新创业教育教学效果评估

开展创新创业教育是为了增强高校学生创新创业意识和提高学生创新创业能力，让他们树立正确的价值观并积极主动地尝试在多个领域进行创新创业。增强学生的创新创业意识、提高学生创新创业能力是实现创新创业教育目的的关键所在。开展的所有教学活动是否达到教育的目的、能达到何种程度即为高校创新创业教育的教学效果。简单地说，评估教学效果即判定接受创新创业教育的学生的创新创业的意识、积极性和能力是否强于未接受的学生。所以，大学生创新创业教育教学效果必须和创新创业教育目标相对应。

鉴于直接评估大学生创新创业意识和创新创业能力比较困难，为了更加科学合理地评估大学生的创新创业意识和创新创业能力，笔者提出创新创业意愿和创新创业自我效能感这两个概念。创新创业意愿指的是学生是否有创新创业的想法和主观态度，反映了大学生对创新创业的积极性的高低。与目前的高等教育系统中的专业教育不同，高校创新创业教育是帮助学生树立正确的价值观、提高他们创新创业的积极性，并使他们有信心参与实践创业活动，是培养大学生创新性、独立自主创业意识的教育。高校创新创业教育在传授创新创业理论知识的基础上，还要丰富教学形式和更新教学方法，拓展学生的思维，增强大学生创新创业意愿，培养大学生的创新性思维和主动性意识。对于每个学生来说，培养他们创新创业独立主动的意识是为了使他们形成独立、创新的思维，帮助大学生明确自己的主体角色，激励他们充分发挥个人主动性和潜力去提升自己的价值，获得显著的进步和发展。

"创新创业自我效能感"一词是人们基于美国心理学家班杜拉在 1977 年提出的"自我效能感"而被提出的。班杜拉认为自我效能感是个人对自己是否可以完成某件事情的估计和判断，对于很多领域都同样适用。在不同领域，其含义各不相同。创新创业教育自我效能感是自我效能感在创新创业领域的运用，它的具体含义是个人对自我是否可以实现创新创业目标的判断，反映了个人对自我创新创业能力的肯定程度。创新创业教学效果评估者可以利用问卷调查的形式，考查大学生个人创新创业意愿、个人对自我创新创业能力肯定程度的创新创业自我效能感以及大学生的创新创业积极性和创新创业能力，从而可以进一步揭示出创新创业教育教学的成效，还可以对学习过创新创业教育有关课程的学生的调查结果进行性别、年龄等基本变量的差异分析，探究不同年级、年龄、家庭环境和背景、专业、性别等大学生在创新创业教育课程中的学习状况，并根据这些数据分析，针对不同学生采取不同的创新创业教育形式，提高创新创业教育质量。

第三节　制度环境保障

尽管教育环境对教育的影响是潜在的、间接的，但它对教学效果产生的影响是不可小觑的，是高校创新创业教育协同机制保障体系中必不可少的一部分。日本学者细谷俊夫在 20 世纪 30 年代著述的《教育环境学》中，具体阐述了自然环境、社会环境和精神环境对教育产生的影响。创新创业教育环境是指良好的学校创新创业氛围和支持创新创业教育发展的制度环境，是全校师生身处校园中可以感受到的有关创新创业的意识形态、价值规范。教育环境包含学校基础设施，如教学楼、图书馆、食堂、宿舍楼等；学校环境构造，如绿化设计、建筑风格、校园规划等；学校规章制度，如管理制度、发展规划等；精神文化，如校史、校训、学习风气等。高校创新创业教育制度环境保障体系是指一个有利于创新创业教育开展的环境的一套保障体系。

一、高校创新创业教育环境的作用分析

简单地说，良好的高校创新创业教育环境可以推动高校创新创业教育顺利开展，有利于全校师生创新创业能力的提升，提高创新创业教育管理效率和教学质量，提升大学生接受创新创业教育的学习成效。具体来说，笔者认为教育环境主要具有以下三个作用。这三个作用对高校创新创业教育环境中的全校师生产生着巨大影响。

（一）教育环境的价值引导作用

新一代的大学生一方面更倾向于关注具有新时代特点的新观念和事物，不同于其他年龄阶段群体，大学生能更快接受新观点和事物；另一方面，大学生正处于青春期，心态非常不稳定。

他们的意识形态还没有定型，很容易受周围制度环境的影响。针对有此特点的大学生群体，充分发挥教育环境的价值引导作用，在大学生身处的环境中宣传创新创业的价值观念和意识形态，将有利于培养其创新创业意识和精神，有助于提升大学生对创新创业的积极性，从而间接提升创新创业教育教学的成效。教师应重视自身的发展，并能认真遵守学校管理制度和贯彻落实学校有关政策，能帮助营造一个支持创新创业教育发展的制度环境，对开展创新创业教育教学活动产生积极影响。另外，使创新创业有关要素融入学校学习氛围中，也可以增强教师对创新创业教学工作的责任感，为教师开展创新创业教学活动起到价值引导作用。

（二）教育环境的目标引导作用

教育环境具有明确的目标引导性，能够对全校师生起着引导作用，教师和学生更加偏向于将高校发展目标和教育目标紧密结合起来，所以教育环境中高校的目标引导作用会使个人的意识形态发生变化。一旦高校利用校园的目标引导功能将创新创业教育的思想观念等融入高校教育环境中，就会逐步使全校师生自己目标与高校发展目标一致，进一步激发创新创业教育中学生学习和教师教学的热情。

（三）教育环境的资源集合作用

教育环境不仅具有价值引导和目标引导的作用，还可以增强教师对创新创业教育教学与学生创新创业教育学习的成就感和认同感，在学校中形成一股强大的凝聚力，指引身处教育环境中的领导者、管理者、教师和学生全部投身到创新创业教育中，为创新创业教育的顺利开展集合重要的物质和人力资源，保证创新创业教育各个环节稳定开展。

二、高校创新创业教育的生态学分析

鉴于高校创新创业教育环境不仅包括物质方面，也包括精神方面，并且它能影响教师和学生，还能影响到创新创业教育的教学内容、教学形式、教学方法、教学过程和教育观念等，涉及范围广。为了防止以单视角和孤立地看待和探究高校创新创业教育环境保障体系，笔者借鉴环境生态学的有关概念把高校创新创业教育环境看作内外要素相互影响的生态系统，关注此系统中的物质和精神各方面，用生态学的角度来分析高校创新创业教育环境。

马克思主义的生态观认为，人类和其他动物是相同的，会受周围的生态环境的影响和约束，却又可以利用劳动改造生态环境和改造大自然，所以马克思主义认为人类和其生态环境之间的关系是相互影响和作用的。生态学专家学者也赞同该看法。学者们普遍认为生态学即探究人类和除人类以外的动物和植物在所处的生态环境中的相互影响和作用的关系和影响因素的一门学科。20 世纪30 年代，英国生态学家阿瑟·乔治·斯坦利爵士第一次提出"生态系统"的这一说法，并系统全面地探索生态环境。这是人类认知生态环境的一大进步。从此之后，生态系统被广泛地运用在各个领域，其中也包含教育方面。受生态学理念的影响，美国哥伦比亚大学教授克雷明在 1976 年第一次提出"教育生态学"这一说法，并且于 1978 年在庆祝斯德哥尔摩大学建校一百周年大会上，发表了题为"教育生态学中的变革：学校和其他教育者"的演讲，更加鲜明地阐述了其对教育生态学的看法。研究教育生态系统的目的即努力让教育活动主体与周围环境的内外部之间共同和稳定发展。实现该目的的关键在于将教育各个部分相互联系起来，把教育当作一种健全、复杂、统一的生态系统。

生态学认为无论身处在哪种生态环境中，个人都会受到与他有关的生态要素的影响，个人和生态要素之间不是孤立的，而是相互联系的，具有总体相关性。教育生态系统是人们把生态学的概念运用于教育中而产生的。全体教师和学生是教育生态系统的主体，教育生态环境的生态要素会对全体师生产生影响。教师、学生和教育环境形成了一个互相影响、互相作用的系统。一个好的教育环境会对个人产生积极的影响，同样一个坏的教育环境会对个人产生消极的影响。反过来，个人的认知和行为也可以影响到教育环境中的其他要素，从而影响到整个教育环境。

高校创新创业教育生态系统是由创新创业教育主体和创新创业教育生态环境两大部分组成的。创新创业教育主体即为创新创业生态系统中的实施者和接受者。其中，实施者是指高校开展创新创业教育中的负责部门、教学机构、研究部门和师资队伍，实施者的行为活动在创新创业教育生态环境中的具体载体为创新创业教育课程、活动、教学计划等；接受者是指参加创新创业教育培训的学生，他们会从实施者提供的所有教学服务中选择自己所需要的不同形式的教育服务。创新创业生态环境不仅包含物质方面的环境，如校园环境、基础设施、建筑风格、教学设施等，还包含精神方面的环境，如学校文化、学术氛围、校训校风等。高校创新创业主体之间关系密切。创新创业教育中的实施者和接受者通过教学活动、教育管理制度等联系在一起。这种联系不仅指实施者为接受者提供教育服务,还指接受者为实施者提供效果反馈。创新创业教育生态环境是通过和主体密切相关的敏感因子来影响主体。该影响会导致实施者提供的教育服务的质量和数量发生相应的变化,也会造成接受者对实施者所提供的服务的效果评价发生变化。创新创业教育主体可以利用实践的办法逐步优化其创新创业生态环境。

三、高校创新创业教育环境保障体系的构建

良好的创新创业教育环境会对教师和学生的意识形态产生积极的影响。相反,不好的创新创业教育环境会对教师和学生的思想产生消极的影响,并且只要教师和学生身处在此环境中,该影响会不断发挥作用,所以高校创新创业教育环境对创新创业教学的成效有着至关重要的作用。依据创新创业教育的特征,以及创新创业教育环境的生态学概念,本书认为构建创新创业教育环境保障体系必须保证其体系的协调性。高校创新创业教育涉及很多方面和很多要素,是一个复杂且综合的系统。创新创业教育环境与其环境中的实施者和接受者之间存在相互影响和相互作用的关系。要保证高校创新创业教育的顺利开展,就需要保证整个教育环境的协调和稳定发展。在构建高校创新创业教育环境保障体系时,一旦过分强调物质环境的建设而忽视精神环境的建设,则有可能会造成推动高校创新创业教育实施的内生动力不足;一旦过分强调精神环境的建设而忽略物质环境的建设,则有可能会造成高校创新创业教育实施缺乏载体。因此要协调好物质方面和精神方面环境建设,注重合理配置资源,保证双方共同进步。根据协调性的要求,高校应以相关政策为方向、以环境监测为方法、以资源配置为重点、以教学研究为基础,构建双向发展的创新创业教育环境保障体系,并应分别从物质方面和精神方面去推动高校创新创业教育环境保障体系的建立。构建创新创业物质环境是为了保证创新创业教育的顺利实施,构建创新创业精神环境是为了提升创新创业教育的成效。具体措施如下。

(一)高校应采取的措施

1. 制定创新创业教育激励政策

高校应针对创新创业教育体系中的管理人员、教师等人制定出台相应的激励政策,从职称评定、职位晋升、绩效奖金等方面提高其积极性。制定针对创

新创业教育体系中的管理人员、教师等人的激励政策，可以从考评其对创新创业教育物质环境和精神环境的功能入手。对于创新创业教育体系中的学生，高校可以通过记录学分、颁发奖学金、给予荣誉奖励等方式调动学生的热情。通过激励创新创业教育生态系统中的实施者和接受者，增加创新创业教育服务的供给数量与提升其质量以满足社会发展需求。创新创业教育生态环境供需双方应坚持供需平衡的原则，共同努力使其向更好的方向发展。

2. 加大对创新创业教育环境监管和检测，实时了解教育环境现状

创新创业教育并不是一项短期工作，而是一项贯穿整个培养过程的任务。针对此项任务，高校必须建立物质环境和精神环境的监测制度，组建一支专业的教育环境监测团队，利用实地访问、问卷调查、个别访谈等方式，多方面地了解物质和精神环境的现状，并实时地将这些信息告知创新创业教育管理部门和研究部门，并针对不同的情况提出相应的解决办法，保证该教育环境能长期有效地促进教学活动的实施。创新创业教育环境的监管和监测工作不仅要包括对物质环境的监测和监管，还要包括对精神环境的监测和监管。物质环境的测评主要采用实地访问和调查的办法，精神环境的测评主要采用分析问卷调查数据和个别访谈的办法。

3. 合理配置创新创业教育资源，合理规划环境建设投入

创新创业教育的资源分配要遵循合理、科学的原则，应该摒弃不科学、整体协调性不足的资源配置方式。高校要做好统筹规划，对创新创业物质和精神环境建设的投入做出合理的考评和估计，避免出现资源分配中的资源浪费和资源不足的现象，重视创新创业教育环境的稳定协调发展。对于具体的创新创业教育资源分配，高校需要建立专门的管理机制，要从事先计划、事中调整、事后评价这三方面构建资源配置的保障体系。事先计划主要是指提前估算资源投入和具体配置情况；事中调整主要是指依据对物质和精神环境的资源投入的实际情况做出适当的调整；事后评价主要是指利用相关数学统计方法剖析和评价创新创业教育物质和精神方面的资源投入情况和产出效果。

4. 加强创新创业教育科研工作，事先预估教育环境风险

不同于其他类型的教育，创新创业教育是现代才兴起的一种教育类型，目前国内对创新创业教育的探究还不够。高校应加强对创新创业教育的研究，更加深刻认识到创新创业教育环境中影响创新创业教育中的实施者和接受者的因素，剖析出这些因素分别对创新创业教育实施者和接受者产生何种作用，从而可以事先了解到创新创业教育环境中会对教学成果产生不利影响的因素，然后

提出具体的风险防范措施和解决对策。高校还应为营造良好的教育环境建立一个专业的智囊库。加强创新创业教育科研工作，主要可利用课题招标与成效考评两种办法。课题招标即先根据本校创新创业教育开展实际情况和发展方向等提出科研课题，然后向所有有关创新创业的教师公开招标，积极为教师提供创新创业方面的科研资源；成效考评即公平科学地考评从事创新创业教育的管理工作人员和教师，在构建良好的创新创业教育环境中所做的贡献和科研成绩，引导管理人员和教师注重构建创新创业教育体系。不管是公开招标还是成效考评，都一定要协调好物质环境和精神环境。

（二）政府应采取的措施

政府是出台政策的部门，政府在高校创新创业教育保障体系中起着引导、扶持和鼓励的作用。高校创新创业教育活动的实施和学生的创新创业实践都需要政府的政策、经费与服务支持。

第一，给予政策法规支持。政府有关机构在出台政策法规时，要全面、深刻地理解高校创新创业教育，不能仅从促进学生就业这一方面来理解此教育，而更应该满足市场经济的需要的角度来理解，并为大学生提供有利于其创新创业的环境，出台相关的鼓励支持政策。如果缺乏政府的政策法规支持，创新创业教育就无法得以真正贯彻落实。具体而言，首先，政府需要进一步加强有关法律法规政策的制定，为创新创业教育的顺利开展提供法律支持。其次，相关机构可以精简大学生创新创业批准手续，从而提高其审批效率并出台相关的免减税收等优惠政策。最后，政府还应安排有关机构负责创新创业培训指导、政策咨询、后续指导等服务工作。高校创新创业教育的成功开展离不开政府在政策法规上的大力支持。所以，健全创新创业政策法规支持体系必须要充分利用政府宏观调控的作用，为创新创业教育提供适宜其发展的政策环境。具体来说，①政府应制定有关创新创业教育的政策。制定的政策应具有针对性、具体性和实践性，不能泛泛其词。②整理已经出台的有关创新创业教育的政策并将其归为一类，公布在统一平台上，以确保政策的完整性和连续性。依据目前的创新创业现状，政府需要在已颁布政策的基础上进一步更新创新创业教育政策法规和具体内容，如完善创新创业教育开展的目标和具体措施等，推动创新创业的发展。③构建创新创业教育政策的监督体系。一方面，应通过多媒体等媒介向人们宣传创新创业教育政策。充分发挥网络、电视、广播、报纸等媒体来公布和推广最新的创新创业教育政策，利用多种媒体扩大其宣传范围，另外，还可以聘请专家学者来具体讲解和深入剖析创新创业教育有关政策的内涵，以使相关受益者可以迅速、精准、全方位地掌握政策内容。另一方面，政府要与高校、企业共同构建协调运行体系，明确政策的领导机构。领导机构应主要负责各机构之间的联系工作和协调各机构之间的关系。实时监督创新创业教育政策的开展现状并按时反馈信息，有利于不断完善创新创业教育政策。

第二，给予经费支持。通过剖析限制大学生创新创业的因素，可以发现启动经费和后续经费的不足是限制创新创业教育活动顺利开展的最重要的原因。经费是影响创新创业教育实施的关键因素，所以，政府要加大创新创业教育的经费投入，设立更多的创业基金，以帮助大学生创新创业。政府应率先投入资金，为大学生提供贷款，加大对大学生创新创业的资金扶持力度，鼓励大学生创新创业，为他们解决资金的后顾之忧。另外，还要加大对高新技术产业的支持力度，要对其给予特殊的和优先的经费支持。

第三，提供免费培训指导服务。政府要加强对大学生创新创业能力的培训，提供能力培训、政策及技术咨询等免费服务。邀请国内外成功企业家、经验丰富的教授、政府相关部门中经验丰富的职员等担任大学生创新创业指导教师，利用教学、咨询、答疑、案例分析等方法向大学生传授相关的创新创业知识和技能，旨在增长他们的创新创业的理论知识和提高他们的创新创业实践能力。

第四，大力支持创业教育中介组织。政府应大力支持多种模式的非营利机构，注重对大学生进行实践引导，营造良好的创业环境，鼓励大学生创新创业。例如，建立专门的创新创业实践基地，由政府有关机构和相关教育科研机构组建权威的创新创业教育科研机构，大范围地开展创新创业教育研究，建立我国创新创业教育基础理论机制，倡导全国各高校内开展创新创业教学活动。政府还应动员社会力量构建独立的创新创业民办教育机构或与高校合作实施创新创业教育；大力支持大学生创新创业教育中介组织，并使其成为大学生在创新创业过程中和寻找有关企业支持、经费赞助和政策法规咨询的沟通纽带。教育中介组织要评估大学生创业所需要的资金，帮助其申请政府小额贷款，负责大学生创业贷款担保以减轻政府的负担，并为高校开展创新创业教育给予一定的帮助，分担教学压力，有效监督创新创业教育的实施状况，及公平地考评创新创业教育的开展情况。

总而言之，构建新时代的国家创新机制是很关键的，会影响到高校创新创业教育能否成功开展。国家创新机制注重创新要素之间的互相影响和互相作用，更加注重创新机制内新理论的有效转移。建立和健全我国国家创新机制，强化高校与公司之间的合作关系，注重学生创新创业实践能力培养，有利于帮助高校培养出理论知识丰富和实践能力强的学生。高校是创新创业教育的主导者。

政府应引导并督促高校深入贯彻政府出台的相关政策法规，依据本校的实际状况采取适合本校发展的措施，以保证政策在学校扎根，发挥其保证创新创业教育水平的作用。政府相关部门还应倡导高校做到以下两点。一方面，参照政府出台的相关政策法规，制定详细的执行内容，例如：完善与创新创业教育、专业知识教育联系密切的政策内容，保证将创新创业教育观念渗透进专业知识教学中，培养大学生的创造性思维能力；实行鼓励政策，将大学生主动参与相关创新创业活动的行为换算成具体学分，努力提高大学生创新创业的积极性；制定确保创新创业教育成功实施的经费支持政策，在学校设立创新创业专项奖金，以奖励成果突出的教师和学生，并且扶持他们实施创新创业教育理论科研和具体实践。另一方面，要随时反馈开展创新创业教育过程中面临的难题，并将之传达给相关的政府机构，帮助相关政府机构不断修改和健全创新创业政策法规制度，营造良好的创新创业教育环境，进而帮助大学生能更好地创新创业。

（三）社会应采取的措施

一个良好的社会环境才能保证创新创业教育的顺利开展。我国历史悠久的传统文化对培育创新创业人才起着至关重要的影响。全社会在继承和弘扬优秀传统文化的时候，要取其精华、去其糟粕，以营造一个积极主动、激励人们创新创业的社会氛围；并且积极运用一定的舆论手段引导全体社会树立人才评估指标，强调创新创业社会风气的重要性。当前只有高校和教育部门比较了解创新创业教育，社会人士对创新创业教育的了解还不够。此类教育尚未在全社会引起强烈反应，影响范围还很狭窄；再加上目前创新创业教育的发展呈现出不平衡的趋势，某些地区发展较好，而某些地区还没有推行创新创业教育。所以，要向全社会推广创新创业教育，就必须要开创一个以政府为核心、高校为主体，社会各界广泛宣传和推广的创新创业教育新局面。社会各界应积极提高创新创业积极性，就创新创业达成广泛共识，努力营造一个有利于创新创业教育发展的环境，从而促进创新创业教育的实施。

（四）企业应采取的措施

创新创业教育不单单指学校提供就业服务，其目标不仅仅是提高大学生自主创业的积极性和创新创业的能力。企业在创新创业教育过程中也起着举足轻重的作用。高校创新创业教育包含理论知识培训和创业实践指导。实践指导是必不可少的环节。这一环节离不开企业的支持。企业可以为大学生创新创业教育的实施提供方法指导、实践场地、经费资助等支持。如今，大部分高校在创新创业教育的过程中都得到了企业的帮助。但是这些帮助大部分都是经费支持，而不是对大学生的真正实践指导、项目支持。假设企业不仅提供经费支持，还提供实践场地并对大学生进行项目指导，全面支持创新创业教育，那么就会促进创新创业教育的开展，也有利于企业自身的长久发展，实现校企双方互利互赢。所以，高校应该和企业保持长久稳固的合作关系。企业可以安排一些经验丰富的职员担任高校的兼职教师，为开展创新创业教育提供更多的机会，可以让学生来实际做一些创新项目，助其积累一些创新创业实践经验。另外，企业可以发挥其宣传作用，运用其社会影响力，来改变社会大众和家庭对大学生创新创业不看好的态度，使人们重新认识创新创业教育，肯定其产生的积极作用，进而为营新创业教育的实施营造良好的氛围。

（五）家庭应采取的策略

在我国，家庭对大学生成长起着重要的作用，深刻影响着他们的世界观、价值观和人生观，是大学生的经济和精神支柱。创新创业活动的开展不仅需要大学生具备理论知识、创新思维、实践能力等，还离不开家庭的积极支持。大学生的就业观、创新创业素质、个人性格会受家庭背景的影响。父母对创新创业的态度会深刻影响到孩子的就业态度。假如家庭看好创新创业，并鼓励学生去开展创新创业活动，学生的创新创业积极性就会很高；反之，学生的信心会不足甚至放弃创业想法，遇到困难就会退缩。所以，家庭要积极配合学校开展创新创业教育活动，充分发挥家庭教育的功能。当前，导致家长不赞成孩子创新创业的原因主要有以下几个。第一，家长观念传统。家长仍认为孩子找个稳定的工作更踏实，认为出来创业的孩子会被别人误认为成绩不好。第二，资金不足。创新创业需要很多资金投入。这对于普通家庭来说，压力较大。针对这些传统观念，家长应积极主动去了解相关的创新创业政策和创新创业的好处，改变传统保守思想、传统的就业观等，意识到大学生既是应聘者，又是就业岗位的创造者，慢慢认可并积极配合学校的创新创业教育，尽力创设一个良好的家庭氛围，帮助高校共同培养大学生勇敢、不怕困难、勇于进取的性格，全力支持孩子做自己想做的事情，让他们自由选择未来的发展方向。此外，家长可以办理创业小额贷款，尽力为大学生创新创业提供足够的资金支持，来促进创新创业教育的顺利实施。

综上所述，我国应该构建一个以政府为指导、高校为主体，社会积极参加，企业合作支持，家庭全力支持的创新创业教育保障体系，并利用网络、电视、报纸等媒介广泛宣传，社会各方力量共同努力，促进创新创业教育的发展，把我国创新创业教育提高到一个更高的水平。

第八章　大学生自主创业实操

第一节　大学生自主创业所需具备的能力

大学生创业需要具备一些关键能力。只有具有这些关键能力，才能抓住创业的关键点。

创业者创业始于对某一个富有价值的创业机会的发现。面对众多看似有价值的创意，如何从中发现真正具有商业价值和市场潜力的机会，进而构建出与机会相匹配的发展模式，需要审慎而独到的眼光。这是创业成功的基本保证。

实际上，创意纷乱繁杂，有各种各样的表现方式。它们都带有较大的不确定性，与可转化为新创企业的创业机会有很大差异，有的甚至从诞生之日起就注定只能永远停留在构思阶段。创业机会和创意在很多方面非常接近，都具有来源广泛、创新性强、带有不确定性的特征。但是，创业机会拥有大多数创意所不具备的一个重要特征：能够满足顾客的某种需求，因而具有市场。

大学生自主创业应具备以下几种能力。

一、创新能力

创新能力是一种产生新想法和解决新问题的能力。创新是知识经济时代保证企业可持续发展的动力之一。创业者只有不断创新，才能使企业在未来市场竞争中占有一席之地。具有创新能力的创业者具有以下特点。

①能及时适应市场变化，调整经营方向，不断推出能满足消费者潜在需求的新产品、新服务项目，使企业在竞争中处于领先地位。

②能动员全体员工积极创新，是员工创新的倡导者、激励者、协调者和组织者。

③能在企业组织及管理领域内体现出观念创新和理论创新，以促进一种创新的组织文化生成，推动企业的全面创新。

二、决策能力

决策能力是创业者根据主观条件，因地制宜、正确地确定创业的发展方向、目标、战略以及选择具体实施方案的能力。

三、交际和表达能力

人际交往能力主要表现为在创业活动中对外妥善处理与公众（如政府部门、新闻媒体、消费者等）之间的关系，对内协调处理下属各部门、各成员之间的关系。

表达能力包括口头表达能力和书面表达能力。口头表达能力也可称为演讲能力。这种表达能力在商务谈判、员工动员中显得特别重要。书面表达能力也可称为写作能力，创业者应会写报告、总结、商务合同等。

四、把握商机的能力

把握商机需要独具慧眼，即能看到事物表象之下潜在的需求或市场。

创意也能带来商机。创意就是指跟需求有关的想法。真正的创意已经不是简单的一个产品本身的创意，而是渗透在满足需求的各个环节中，包括产品的产生、行销及产品的完善等环节。创意其实是一种敏锐的感知力和判断力。

五、善于学习的能力

在知识经济时代，科学技术突飞猛进，企业环境复杂多变。在这样一个日新月异、难以把握的时代，创业者要想把工作做好，就必须勤奋好学，并且善于学习。同时，还要善于从自己及别人的成功和失败中吸取经验教训。只有这样，才能跟得上时代发展的步伐。

第二节　创业机会的特征、来源、识别与评价

一、创业机会的定义

虽然机会的鉴别和后续开发在相当程度上需要依赖于创业者的主观价值判断，但机会实际上是一个客观存在。然而正如研究人员普遍认可的，机会的甄别不是简单的非此即彼的逻辑判断，也不能通过采用片面的财务或者技术指标加以筛选来实现。所以给"机会"下一个简单明了的定义并不容易。

在现有的研究中，部分学者主要从机会产出角度出发给"创业机会"下定义。有的认为，机会代表着一种通过资源整合、满足市场需求以实现市场价值的可能性。有的人认为，机会实际上是一种待满足的市场需求，且这种潜在的市场需求十分旺盛，因而对于创业者来说，实现该需求的商业活动相当有利可图。有的认为，从预期的消费者的角度来看，机会意味着创业者探寻到的潜在价值。

另外一些学者则从机会的来源角度入手给"创业机会"下定义。有的把创业机会定义为一种意境，其中新产品／服务、原材料、市场组织方法能够以创新的方式来重新整合。有的对创业机会做了较为全面的总结，指出创业机会实际上是新产品、新服务、新材料，甚至是一种新的组织形式，能够被引入生产并且以高于成本方式实现销售。他们指出创业机会不同于一般的盈利机会，特别是那些仅仅能够提高现有产品及服务、原材料和组织方式运营效率的机会，因为他们认为，前者需要技术或者组织结构的创新，而后者只是在现有的组织框架中进行调整。

通过综合分析学者的讨论可以得出，创业机会实际上是一种可能的未来盈利机会；这一机会需要有实体企业或者实际的商业行动的支持，通过具体的经营措施来实施，可以实现预期的盈利。

二、创业机会的特征

综合分析对创业机会的讨论，可以总结出创业机会有以下几个重要特征。

（一）创业机会具备潜在的盈利性

这一特征有两个层面的含义。一方面，盈利性是创业机会存在的根本基础。我们所讨论的机会是隶属于创业领域的商业机会。创业者追逐创业机会的根本目的是基于创业机会组建企业，进而获得财富。如果创业机会不具备潜在的盈

利性，那么，它对于创业者来说就失去吸引力，也就不能被称为"创业机会"了。另一方面，创业机会的盈利性是潜在的，并不是一眼就可以看出的。对于这种潜在盈利性的理解尤其需要创业者拥有一定的知识和技能，同时也需要具备相关领域的实际经验。因此，这也为创业机会的发现和识别造成了一定的难度。很多创业机会看起来似乎具备较强的盈利可能性，但是经过仔细推敲之后却发现是虚假的信号。因此，在创业机会的识别和开发，需要创业者投入更多的精力。

（二）创业机会需要依托实体企业或者具体的商业行为来实现

如果不付诸行动，即使拥有再大的潜在价值，创业机会也难以发挥出其价值。事实上，很多富有价值的创业机会往往转瞬即逝，具有很强的时效性。如果没有及时地把握住时机，一旦时过境迁，由于条件所限，原有市场不复存在，或者已经有其他创业者抢先一步占得市场先机，原先具有巨大价值的创业机会也会沦为无价值的市场信息。

当然，能不能真正行动起来将创业机会商业化，不仅仅取决于创业者的决心和意志，还取决于许多客观条件，特别是创业者所面临的创业环境和所拥有的资源状况。即使创业者本人创业意识非常强，主观条件不足，也会限制其创业行动。因此，在创业机会的发现和识别上，创业者应当做好准备，一旦发现有价值的创业机会，就应及时行动。

（三）创业机会能够通过不断开发提升其潜在价值

在大量的研究中，创业机会往往是一个客观存在的事物，独立于创业者主观意识之外，创业者的角色功能是尽可能发现这一客观事物。与此不同的是，在近年来的研究中，已经有部分学者认为创业机会并非一成不变，其潜在价值更依赖于创业者的开发活动，也就是说，创业机会并不是被发现的，而是被"创造"出来的。在这一视角下，创业机会的最初形态很可能仅仅是一些散乱的信息组合。只有创业者以及创业过程的各类利益相关者积极地参与到机会识别中来，不断磨合各自的想法，创业机会的基本盈利模式才能逐步可行。

因此，创业机会的潜在价值具备很强的不确定性，而且并不是即刻就可实现的。在实际创业中，其价值大小会随着创业者的具体经营措施和战略规划而发生变化。如果创业者的战略方案与创业机会的特征的匹配度较高，创业机会的价值就能够得到很大的提升，创业活动也能够获得较好的结果；如果相关战略规划与创业机会特征不匹配，那么即使创业机会潜在价值很大，也无法得到最有效开发，甚至引起创业失败。

三、创业机会的来源

可能有些人认为创业机会的发现是一种偶然，创业者机缘巧合地发现了一个全新的商机，进而筹集资金实施创业活动。事实上，这种偶然出现的情况并非创业机会的常态。即使存在偶然出现的创业机会，也往往会因为创业者没有做好准备，无法实施有针对性的机会成长方案，匆匆开展创业活动，从而使得创业活动夭折的可能性非常大。因此，创业机会的识别和开发并非守株待兔，而是需要创业者平日的用心耕耘，为创业机会的出现做好准备。所谓的机缘巧合，主要还是因为创业者在平日培养出了侦测环境变化的敏锐观察力，因而能够先知先觉，发现商机。

在现有研究中，创业机会的来源包括影响现有市场均衡的几个因素。一方面，市场供给的一方可能对市场变化造成影响。例如，一种具有潜在价值的新产品的研发、新的生产工艺的开发，可能影响市场供给的成本和收益，从而吸引创业者投入其中。另一方面，创业者都可能从中找到富有价值的创业机会。值得注意的是，有的学者指出应当从不同市场类型的角度考查机会的不同来源。产品市场的商业机会的来源主要有：新技术的发明所带来的新产品及新的信息不对称所导致的市场低效率，由政治因素和规章制度的变动带来的需求变动等。要素市场中的创业机会则是指由影响要素投入的成本和收益的变动所带来的创业机会，例如某一新材料的发现等。

从创业的内涵中可以看出，创业活动的重要突破点之一是产品的销售行为的实现。因此，笔者对于创业机会来源的分析主要从改变消费者购买行为的影响因素入手。这些影响因素包括以下几个。

（一）不断变化的市场环境因素

创业机会大都产生于不断变化的市场环境。在环境变化的情况下，市场结构和市场需求必然发生变化。在这一过程中，必然会出现大量新的创业机会。市场环境因素的变化包括城市化加速、人口思想观念的变化、政府政策的变化、居民收入水平提高、全球化趋势、产业结构的变动、消费结构升级等诸方面。从市场环境方面搜寻创业机会是从宏观层面对可能出现的创业机会进行的全局性的把握。为了挖掘出合适的创业机会，创业者还应当将视野再缩小一些。

（二）新的成长性产业的出现

新产业的出现往往源于创新所带来的新知识和新技术。创新使得新的产业能够满足消费者的新需求。一个新兴产业必然能够提供许多创业机会，引发创业热潮。不过在追随新潮流趋势的背后，也会存在相当大的风险。因为，这项新兴产业的规模究竟有多大，如何发掘潜在的顾客需求，都还不确定。在个人计算机产业出现时，曾引发大量的上下游相关产品与服务的创业机会出现。但是并非所有的创业活动都能获得成功。在互联网浪潮兴起的时候，追赶网络风潮的创业者，也曾饱尝网络泡沫的苦果。因此，要准确判断新产业出现所带来的创业机会是否可行，创业者仍需要进一步分析行业内部的结构以及创业机会的具体特征。

（三）新的商业模式的形成

不论是创业机会诞生于改进现有的商业模式的过程中，还是诞生于创造一个全新的商业模式的过程中，都更加聚焦于企业的未来发展规划。新的商业模式可以来自创业者对工作经历、行业经验、竞争对手不足之处的考究。这些不足之处包括顾客需求未被满足、产品在品质上存在瑕疵、作业程序不经济等。当然，商业模式是否可行，创业者还需要结合实际情况进一步考察。

（四）消费者的新价值

创业的根本目的是满足顾客需求。创业机会的基本价值就在于为消费者带来新的价值。如果这一新价值是不切实际的，那么之前的市场环境变动分析、产业发展状况分析、商业模式分析都是无用之功。寻找创业机会的根本途径是善于去发现和体会他人在需求方面待解决的问题，从寻找消费者需求的角度发掘创业机会。因此，这一视角之下的创业机会更为直接，也更为可行。

按照市场环境、产业状况、商业模式、客户价值这一顺序来识别创业机会的来源，基本上遵循了从宏观到微观、从间接到直接、从宽泛到具体的原则，也符合人的一般认识过程。

四、创业机会的识别与评价

创业过程的前期准备工作始于创业者对创业机会的把握。创业者从成千上万个创意中选择了心目中的创业机会，随之不断持续开发这一机会，使之发展成为真正的企业，直至最终收获成功。在这一过程中，创业者对机会的潜在价值以及自身能力进行了反复的权衡，创业者对创业机会的战略定位也越来越明确。这是一个动态反复的过程。

（一）创业机会的识别

在最初的识别阶段，创业者对这个经济系统中可能的创意展开搜索，通过对整体的市场环境，以及一般的行业分析来发掘是否存在值得一试的创业机会。

创业机会的识别通常包括机会搜索以及机会调查两个环节。

1. 机会搜索

一些创业者可能更喜欢独自搜寻相关信息，寻找创意。事实上，通过多人共同参与的方式进行机会搜寻往往能取得更好的效果。因为具有不同背景和不同知识结构的人对于同一条信息会从各自的角度进行分析和评论。因此，创业者在搜寻创意时，应当找一些志同道合的朋友，或者找一些相关领域的专家，共同讨论备选的创业机会。为了使得这种发散性的讨论方式效果更佳，在机会搜索过程中可以适当采用头脑风暴法。

要想成功运用头脑风暴法就要做到以下几点。

①必须把各种意见、方案的评判放到最后阶段，此前不能对别人的意见做出评价；必须认真对待任何一种设想，而不管其是否适当和可行。

②营造一种自由的气氛，以激发参加讨论的人提出各种荒诞的想法。

③多提意见。因为意见越多，产生好意见的可能性越大。

④探索取长补短和改进的办法。除提出自己的意见外，鼓励其他参加讨论的人对他人已经提出的设想进行补充、改进。

在讨论时，创业者首先应选择几个合适的人召开非正式的专题会议；然后，创业者向所有参与者阐明问题，由参与者自由地提出各自的想法，可以互相争论；最后，一旦所有参与者达成了初步的共识，如对某一机会均表示一定程度的认可，创业者就需要引导大家共同对其进行进一步的讨论，提出机会开发方案，并且共同讨论、补充，以制订出一个完整细致的方案。

2. 机会调查

在这一环节中，创业者需要进行必要的市场调查。虽然在机会搜索中，或通过创意分析，或通过与朋友、专家讨论，创业者对于创业机会已经有了一定的认识。但是这些认识往往是感性的，缺乏理性的分析，特别是缺乏关于市场状况和顾客需求的真实资料作为认识基础的。作为一项重大的个人发展决定，创业活动必须有真实客观的资料作为行动依据。如果只是凭着热情和冲动就决定创业，创业活动的风险就会大大增加。创业者必须做好充分的准备，才可付诸实施。

在机会调查中，创业者必须有计划、有目的地运用一定的手段和方法，对有关市场状况和客户需求进行资料收集整理和分析研究，进而做出描述、解释和提出对策。如果资源状况允许，创业者可以委托专业的调查公司或者咨询公司完成这项工作。但是在很多情况下，创业者亲自完成市场调查更具意义——创业者可以获得对于目标市场更为直观的认识。在很多调查中，调查者通常需要与调查对象面对面完成访谈。这更是非常宝贵的了解客户真实想法的机会。因此，在时间和精力允许的情况下，创业者应当尽可能亲自完成有针对性的市场调研。

不论是采取何种调研形式，为了获知消费者对于创业机会的认可程度，一份有针对性的调查问卷是很有必要的。一份条理清晰的问卷甚至可以帮助创业者理清思路，进一步细化创业设想。即使在面谈式的调查中，问卷也可以为创业者提供一份清晰全面的访谈提纲。在问卷中，创业者可以设计一些关于客户对于将要开发的产品的态度量表，也可以请客户填写一些开放式的问卷，请他们自由地写下对于产品的设想。这些资料都会对创业活动产生非常直接的影响。

通常的调查方法包括访谈法、问卷法、观察法。

访谈法是由访谈者根据调查研究的要求与目的，按照访谈提纲或问卷，通过个别访问或集体交谈的方式，系统而有计划地收集资料的一种调查方法。访谈法包括面对面的口头交流、电话访问、网上交流等访谈方式。创业者应当准备必要的访谈提纲或调查问卷，与受访对象进行交流，同时做好录音，以便事后记录和检查。相对而言，访谈的调查方法更为灵活，创业者可以根据对方的反应，灵活地调整调查问题，以获得所欲知的答案。但是这样做的时间成本较高，如果需要调查较多的潜在客户，可能在时间上无法保证能完成。

问卷法是调查者运用统一设计的问卷向被选取的调查对象了解情况或征询意见的调查方法。创业者可以通过人员上门发放、报刊附送、电子邮件发送和邮件发送等方式送出问卷。问卷法的优点在于可以进行较大规模的市场调查。但根据统计学的基本原理，要想使分析结果有效，样本的规模需要达到一定标准。因此，通过问卷法所获取的较大规模的调研结果，可以提供关于市场信息和客户需求的有效数据。问卷法在实践中应用得非常广泛。创业者应当积极采用这一方法，为创业活动搜集充分的资料。

观察法是观察者有目的、有计划运用自己的感觉器官和辅助工具，了解调查对象的自然状态的一种方法。在对市场客观环境、消费者购买行为进行调查时，这一方法特别有效。观察法有助于创业者收集真实可靠的资料，可以避免调查对象的主观态度产生影响。观察法要求创业者尽可能不参与到调查对象的工作和生活中，观察法通常结合其他调查方法共同使用。

对于机会调查的结果，创业者应当积极运用统计分析方法对市场需求的数量特征以及客户需求状况、影响因素等方面进行分析，以检验自己之前对于市场需求的判断是否准确。

（二）创业机会的评价

在创业机会评价阶段，创业者需要根据已有的资料进行分析，以得到综合的评价结论。创业机会的评价并非简单地对各个指标进行统计分析，然后将结果直接整合起来（这是一种静态的创业机会识别，创业者仅从一个静态的截面分析创业机会的特征，进而判断创业机会的价值）。这种静态的评价不足以反映真实的创业机会识别过程。

在创业机会评价中，创业者首先要对创业机会的核心特征做出评价，其依据是与创业伙伴、专业人士的讨论结果，以及市场调查分析的结论。通过详细的比较分析，创业者应当对于创业机会在市场层面和产品层面的具体特征进行反复推敲直至确定。基于对各个不同维度特征的分析，创业者首先需要判断该创意是否为创业机会，进而分析其市场层面的优势或者产品层面的优势具体体现在哪些方面。

在评价完核心特征之后，创业者需要根据核心特征的具体表现初步设计合理的成长规划。不同成长性的创业机会的市场开拓方案必然存在一定差异。同样，产品独特程度不同的创业机会也需要不同的产品战略与之相匹配。因此，在这一环节中，创业者需要积极借鉴战略分析、组织分析等工具，为创业机会制订成长规划。

此时，创业者应当开始探索可能的创业机会支持要素。结合创业团队、创业资源、商业模式等方面的要素，创业者需要分析创业机会的成长规划是否可行，即创业机会的成长规划和现有条件之间是否存在矛盾；基于现有的支持要素，是否需要调整成长规划，是否应当暂行等待。创业者应再获取充分的支持要素之后，再考虑创业机会的开发。

经过上述分析，创业者如果发现能够实现较良好的成长预期，符合自己的价值创造要求，那么可以选择该创业机会并实施创业活动，否则就应当重新思考创业机会的定位和评价问题。这一环节的最后阶段是将成长预期分析结果反馈到核心特征评价中，特别是当分析出的成长预期不佳的时候，创业者需要回过头思考创业机会的核心特征评价是否到位，抑或只能放弃该机会，另起炉灶重新搜索创业机会。

需要注意的是，在机会搜索环节中，创业者要充分利用共同讨论、共同决策的优点。事实上，在创业机会识别的后续阶段，这一方式仍然极为有效。如果可能的话，创业者应当让创业伙伴，甚至潜在的投资者尽可能参与到机会调查、机会评价中来。因为集体讨论分析不会造成太大的分析误差，所得出的结论也会更为客观，用于指导创业实践则不会出现太大问题。

机会识别和机会评价并非完全割裂的两个概念，机会识别和机会评价是同时存在的，创业者在对创业机会进行识别时也会有意无意地进行评价活动。创业者在机会开发中的每一步，都需要进行评估：在机会识别的初始阶段，创业者可以非正式地调查市场的需求、所需资源等要素，直到断定这个机会值得进一步开发为止；在机会开发的后期，机会评价变得较为规范，并且主要集中于考查已有资源的特定组合是否能够创造出足够的商业价值。

第三节　大学生创业的方式

根据大学生的特点，并结合当前市场需要进行分析后发现，适合大学生创业的方式主要有以下几种。

一、网络创业

由于大学生普遍具有较好的网络技术，而且网络创业具有进入门槛低、成本投入少、承担风险小、经营方式灵活等特点，特别适合初涉商海的大学生创业者。互联网改变了人们的生活理念，同时也提供了全新的创业方式。目前网络创业主要有两种形式：一是网上开店，即在网上注册成立网络商店；二是网上加盟，也就是以某个电子商务网站门店的形式经营，并利用母体网站的货源和销售渠道。而且，政府特别重视网上创业，给予了诸多的优惠政策和其他方面的支持，例如，上海现已在普陀、静安两区建立了电子商务创业园，为创业者提供优质的创业环境和服务。虽然网上创业适合年轻人，但大学生在选择网上创业时，一定要明白网络创业虽然风险相对较小，但决不能缺乏风险意识，在创业前一定要事先进行多方调研，选择既适合自己产品特点又有较高访问量的电子商务平台。

二、加盟创业

由于大学生缺乏创业经验，连锁加盟以其分享品牌、分享经营诀窍、分享资源的优势成为备受大学生青睐的创业新方式。加盟创业具有利益共享、风险共担等特点，创业者只需支付一定的加盟费，就能借用加盟商的金字招牌，并利用现成的商品和市场资源，还能长期得到专业指导和配套服务，而不必摸着石头过河，从而降低了创业风险。因此受到广大初次创业大学生的普遍欢迎。

连锁加盟有直营、委托加盟、特许加盟等形式，投资金额也根据商品种类、技术设备的不同，从几千元到几十万、上百万不等，可满足不同需求的创业者。例如，投 5000 元就可加盟供水站，投 12 万元就可开间便利店，投 20 万元可以当上咖啡店老板等。这种创业方式可以借助现有的经营管理模式、质量标准、品牌形象和服务优势等，投资风险较小，创业成功的概率很高。

虽然加盟创业有以上诸多优势，非常适合的大学生初次创业。但值得大学生注意的是，由于连锁加盟市场规模的不断扩大，鱼龙混杂现象日趋严重，一些不法者利用加盟圈钱的事件频频出现。因此，创业者在选择加盟项目时要有理性的心态，不要被一些表象的信息所欺骗，要在做好市场调查和项目可行性论证后，再决定是否加盟，而不能只是听信广告宣传。另外，此种创业方式很重要一点的是要处理好与资源提供者之间的利益关系。

三、合作创业

由于大学生在创业资金、风险承担能力和创业经验方面存在不足，合作创业是一种既分担风险又能分工合作的好方式，非常适合大学生。当前比较流行的大学生创业方式是和几个志同道合、有管理经验、有资金或有技术专利的互补伙伴共同创业。在美国硅谷流传着这样一条"规则"：由两个工商管理硕士和麻省理工学院的博士组成的创业团队，几乎都可以获得风险投资。虽然，这样说有点夸大其词，却不无道理。如今，创业已非纯粹追求个人英雄主义的行为，团队创业成功的概率要远高于个人独自创业。由研发、管理、市场、融资等各方面人才组成一个优势互补的创业团队，是创业成功的法宝。但需要注意的是，创业伙伴的选择是成功的关键。在选择创业伙伴时一定要慎重。如果创业伙伴选择不当，就可能隐藏着失败的风险。只有创业团队同心协力，充分发挥各自的优势，利用群体的智慧和能量，不计较个人得失，才能使企业长远发展下去。

四、自我积累创业

虽然大学生创业受各方面条件的限制，自我积累创业相对较难，但是在自我积累的创业过程中，大学生能够逐步积累创业经验和财富，在实践中不断提高创业的能力与素质，积累经验和资源，磨炼意志，可以为自己将来事业的发展会奠定坚实的基础。在现实生活中有许多成功的创业者都出身于贫寒家庭，在刚开始创业时并没有太多资金和经验，而是凭着一股韧劲和吃苦耐劳的精神，抓住机遇，历经磨难，才获得创业的最终成功。例如：杭州娃哈哈集团董事长宗庆后在 47 岁时还拉着三轮车在杭州街头推销冰棍；在大学里学市场营销的罗福欢，毕业后干的却是擦鞋的工作，他从摆地摊起步，如今自己的星级擦鞋店已开到了成都高档小区。由此可见，要想获得成功，当自己的经验和资金不足时，更需要坚持不懈的努力。

为了缩短自我积累过程，大学生可以从学生时代开始，通过参加"创业大赛"、勤工俭学、开办"学生公司"等方式锻炼自己，从投入小额资金开始，只要善于总结，善于学习，善于不断完善提高自己，一般都可以取得创业的成功。但值得大学生注意的是，积累型创业者要切忌心浮气躁、急功近利。

五、技术智能型创业

大学生在创业时虽然会面临很多困难，但是大学生同样具有自己的专业优势，可以在创业中充分发挥其在创造性思维和高新技术等方面的优势。大学生要在学生时代就做好准备，走与学科专业相结合的技术智能型创业之路。这是一种明智的创业选择，可以通过专利产品获得风险投资，也更容易得到政府的支持。为了帮助大学生创业，一些地方政府通过构建高新人才创业"孵化器"，使得拥有高新技术、专利产品的人进入"孵化器"，并针对大学生经营管理经验缺乏的现象，配备各种管理人员协助其创业，帮助其最大限度地降低失败的风险。

此种创业方式虽然创业成本不高，不需要较多的资金，但创业项目的科技含量较高，要求大学生拥有某方面的技术专长。

第四节　大学生创业管理

一、战略规划管理

对于成熟企业来说，战略选择是企业的整体规划，战略方向决定了企业的发展方向。然而，刚刚创立的企业是否同样需要这种规划？反过来想，假设新创企业在决定发展方向时，没有实行任何形式的战略规划，即新创企业在决定下一步的市场经营策略或者产品开发力度时，仅仅根据企业的预期获利做出一个简单的判断，没有进行任何更深入的评估和权衡，可能会造成什么样的后果？

　　显然，对于资源匮乏的新创企业来说，不做战略规划，一方面，可以节省一定的时间、金钱和精力，从而将资源投入具体的生产经营活动，因而在一定程度上可以提升资源利用的效率。另一方面，由于节省了时间和其他成本，企业就有可能识别出更多可能的发展机会，而且，由于企业无须系统地经营规划，企业甚至可以等待市场成熟之后再进行选择，此时，市场需求会更为明确，企业行动的目标更为确定，经营活动也更为集中。

　　尽管如此，缺乏合理必要的战略规划，却会给新创企业带来更大的问题。安索夫在其著作《企业经营策略》中对企业是否需要战略规划这一问题进行了分析。他认为，虽然不制订战略规划的企业可以节省一些成本，并且更加容易调整经营方向，但是不制订战略规则所带来的成本更高。尽管这种分析主要针对的是一般的成熟企业，但我们认为，部分成熟企业因缺少战略规则所导致的问题同样在新创企业身上表现得极为突出。

　　首先，战略规划是企业的经营规划，也是公司经营的一种内在模式。这种特定的模式为企业的经营提供了一种存在的规则。有明确经营模式的企业可以依据这种规则有效应对市场环境的变化，及时制定出行之有效的应对措施，其所采取战略行动具有时效性。安索夫认为，对于一般企业来说，如果缺乏这种战略规则，公司的研究及发展部门对于如何为公司的多元化运营做出贡献就会失去指导的准则，同样，负责对外收购的部门，也将缺乏工作重心。相应地，新创企业因缺乏战略规划所导致的问题有：一方面，在做出经营决策前，尽管创业者可能对市场环境的变化已有一定的认识，但是在如何根据这些变化制定相应的措施上，企业将没有一个明确的规则予以指导，只能被动地守株待兔，或者只能等到时过境迁，再做出判断，因而在市场竞争上将失去先机；另一方面，在执行经营措施之后，企业也无法依据一个明确的评价系统评价上一阶段的经营措施是否得当、资源分配是否有效，因而也无法在下一阶段的企业经营中做出有明确方向的改进和调整。

　　其次，缺乏战略规划的新创企业在针对企业经营拟定竞争方案时往往更依赖于创业者的个人性格。如果创业者性格保守，就很可能错过许多富有潜在价值的产品或者项目，而实际上这些产品或者项目很可能是企业应当尝试的合理风险。即使创业者本身具备很强的进取精神，也可能因为未能及时了解并且分析市场机会的成本和风险，而做出错误的决定。因此，在缺乏战略规划的情况下，创业者很可能因此不敢有所作为，也很可能会孤注一掷地去冒险。如果创业领导者被更换，那么这种不稳定的经营策略甚至会表现得更加明显。尽管我们一直强调创业领导者以及创业团队对于创业成长的关键作用，但是显然，一套良好的战略规划机制对于拥有素质优良的创业团队的企业来说或许意不甚重大，但是对于创业团队整体素质尚存在不足的企业来说则是企业稳定经营的有力保障。

最后，从整体上说，战略规划是整个企业的行动方向，对于新创企业来说尤是如此。新创企业本身资源匮乏而且社会关系稀缺，打开市场能力较弱，因而更需要整个企业上下同心协力开拓某一特定市场。如果一个企业缺乏发展整体战略规划，创业团队之间一旦出现不同的意见，例如，两位团队主要成员对下一步企业应当主要开展什么业务存在不同见解，那么，该企业很可能对于这种分歧束手无策，因此会阻碍害企业的发展。而合理有效的战略规划可以帮助创业团队权衡并整合各个方面的不同情况，以做出正确的判断。

（一）新创企业的战略规划制订

创业过程实质上是创业机会的识别和开发过程。创业之初，创业者需要识别具有潜在价值的创业机会，在选定创业机会之后，创业者需创建一个实体企业来开发这一创业机会。虽然创业者仍然需要反复不断地评估创业机会的市场价值，但是此时，创业机会的开发和价值的实现是企业的经营重点。

如何有效地开发创业机会以实现创业机会的市场价值，需要创业者选择正确的创业机会开发方案措施。从整体上看，这些方案措施涉及组织的资源整合、经营企划、人事配置等管理活动，其实质是企业的战略问题。只有以明确的战略规划为指引，才能从整体上系统地组织企业资源，有针对性地选择正确的创业机会开发方案，进而实现企业成长。

因此，新创企业的战略规划制订方案从根本上说就是创业机会的开发方案。这一判断的潜在逻辑是，对于特定的创业机会来说，它的开发必然首先需要创业者从创业机会的特征出发，根据创业机会的特征，选择不同的开发方案。换言之，创业者需要根据创业机会的特征，选择不同的战略方向。

市场优势较强、产品优势较弱的创业机会的成长规划应以市场开发为主，通过积极迅速的市场经营开发，可以快速实现创业成长；产品优势较弱、市场优势稍弱的创业机会的成长规划则以产品开发为主，产品的不断更新或者服务的不断提升可以有力地提升企业的效益。同时，产品、市场优势皆弱的创业机会不应当也没有必要予以开发。而产品、市场优势皆较强的创业机会的成长规划应当以产品、市场开发的组合策略为主。机会导向的战略规划制订方案的特点主要体现在以下两个方面。

一方面，影响战略规划制订的因素通常是企业的市场环境，在机会导向的战略规划制订方案中，创业机会市场层面的特征同样是一个非常重要的因素。创业者只有清醒地认识市场环境的发展状况，才能准确地制订战略规划。

另一方面，创业机会产品层面的特征同样是影响新创企业战略方向的一个重要因素。这正是创业研究不同于一般企业管理研究的独特之处。由于创业者选择创业通常是基于潜在创业机会的识别和评价的。而这一机会在实际中往往需要通过具体的产品（或者服务）来体现。创业者必然要考虑机会的产品特征以做出具体的决策。因此，机会导向的战略规划制订方案从创业的角度研究战略问题，充分体现了创业活动的独特性。

从创业机会的市场层面特征来看，在创业机会市场层面占据优势时，企业外部市场成长性很强，市场是一个蓬勃发展的新兴市场，同时市场竞争力可能也不足。此时，创业者应当抓住时机，尽快打开市场。因为这种市场层面的优势可能转瞬即逝，创业者选择比其他企业更早进入市场显然是更为有利。同时，针对新兴市场，通过采取积极的竞争措施，企业也能够迅速提升知名度，以满足蓬勃发展的潜在需求。在这一竞争尚未被激化的新兴市场上，强有力的联盟战略能够使得企业迅速打开市场。因为在市场竞争过于激烈的情况下，显然企业难以和其他企业结成联盟。

同时，在创业机会产品层面占据优势时，产品本身具备能够吸引顾客的独特之处，或者具备较强的技术创新优势。这意味着创业者应当选择更集中于产品开发的经营策略，以赢得潜在顾客。因为此时，创业机会的市场价值主要通过产品层面的价值体现出来。企业通过充分发挥产品的独特功能和作用、扩大产品适用范围、压缩产品成本，或者进一步在技术创新上倾注力量，可以使产品获得更大的市场接受度。

（二）新创企业的战略控制过程

新创企业的战略控制不一定要像成熟企业那样被严格区分为事前控制或者事后控制。而且，由于创业者的战略往往是市场上直接竞争的战略。这些战略的直接效果都能够很快显现出来。所以，创业者尤其需要随时把握战略的实施进度，及时发现问题并马上解决。因此，作为创业型企业，创业者应当把随时控制作为主要的控制前提，随时随地针对问题进行处理。

1. 确立战略目标

创业者在制定战略的时候，就应当设想好战略实施之后所能达到的效果和目标。为了达到较好的战略效果，这些预期的目标应当是多层次的，而不仅仅是某一个市场盈利目标。创业者制定的战略目标中应当既包括长期战略目标，又包括短期的盈利目标；既包括整个企业层面的发展目标，又包括业务经营层面的实施效果。同时，企业应当注意的是，企业的战略目标应具体而精确，不能含糊。这是因为战略目标是需被要提交给整个创业团队乃至企业上下共同参考的，稍有含糊，都会在实际操作中导致企业团队不当的理解，从而影响企业的发展。

2. 确定评价标准

在确定评价标准的时候，企业不仅要依照所设定的多层次的目标，还应当依照具体战略执行过程中企业上下的运作状况。这样做有助于实现更加综合、科学地评价战略的实施效果的目标。

3. 评价与分析

根据所确立的目标以及评价标准，创业者需要查看企业的经营状况以及各个层次的员工的经营状况。如果战略实施状况未达到事先所设想的目标，那么，创业者需要仔细分析原因。当然，如果战略实施状况超出了预先所设想的目标，创业者也应当认真审视，寻找原因，以便在将来的战略规划中把这一因素纳入其中。评价标准和企业经营状况的对比应当是实时的。企业不能等到战略实施了一定时间之后再根据反馈上来的结果进行评价。另外，新创企业的灵活性优势应当在战略控制和调整中得到充分发挥。

4. 实施纠正措施

根据分析结果，创业者需要采取必要的纠正措施来改进企业战略规划。企业应该根据问题产生的根源来制定纠正措施，不能"头疼医头、脚疼医脚"。创业者需要通过与创业团队成员或者外部咨询顾问进行探讨，共同寻找问题的根源所在。因为创业者自己很难发现企业的问题，而其他人处于旁观者角度反而能够客观清晰地分析问题所在。通过纠正和调整措施，创业者可以进一步完善战略规划的过程，从而使得企业的组织规范也日臻完善。因此，战略调整过程也是企业不断完善管理制度、实现良性规范发展的过程。

二、市场营销管理

（一）创业营销的基本内涵

创业营销首先是营销的一种，创业营销并没有超越出营销这个大的概念范畴。美国营销学会把营销定义为，对于创意、产品和服务设定概念、定价、销售方式来创造交易以满足个体或组织的目标。这一定义构成了大多数传统的市场营销活动的基础，成为很多学者和专业人士讨论的起点。然而，近年来，这些传统的营销方法已经受到很多质疑。

一些学者认为现有的一些营销模式过度依赖于已有的经验法则、公式化的思维方式，缺少对一些费用的审核程序，将重心放于营销策略组合的使用上，集中于消费者的表面需求，更倾向于模仿而不是创新，为现有的市场服务而不是试图创造新的市场，对于短期的低风险的收益更看重，营销方式静态而被动。营销人员逐渐发现他们的经营环境变化越来越快，传统意义上的营销概念和方法被认为可操作性不强，而且很难与商业实践联系起来。因此，近年来的研究都指出了营销思路在新的方向上得以拓展的必要性，因此引发了人们对创业营销的讨论。

创业营销是处于变化、复杂、混乱、矛盾、资源匮乏的情况下的营销概念。在这种情况下，创业者必须积极地识别和开发市场机会，并且通过创新的方法开发并维系潜在客户。

应该注意到，在学术领域，创业营销一词不是专门针对创业者的营销活动的。即使是大企业，在面临动荡复杂的市场环境时，也会发现传统的营销模式需要进行变革。这种情况下，大企业内部的经营战略（不单是营销战略）都必须转换为创业导向的战略。在这一视角下，创业导向的营销通常也被称为创业营销。但本书中的创业营销仅仅指的是新创企业的营销活动。这些刚刚创立的企业通常资源比较匮乏，在从事营销活动时，必须依赖于创造性的营销手段，并且其营销活动的推进在很大程度上依赖于个人的网络关系。有学者认为创业初期的营销战略是一种基础性的游击战式的营销。

同传统的营销模式相比，创业营销具有以下一些特点。

1. 机会导向

机会导向意味着创业者在实施营销活动时，将会积极地探索新方法以赢得客户。这些方法并不拘泥于固定的思维模式，更具灵活性。由于创业者所拥有的资源比成熟企业少，所以，创业者在一定程度上不能受制于企业的资源，更要着眼于企业的未来发展机会，进行营销方案企划。机会导向的营销模式要求创业者在制定营销战略时首先分析创业机会的状况，再根据机会的成长性特征制定营销战略。

2. 注重关系

新创企业的市场认可度往往较低，也没有之前成功的营销经验。因此，一些通行的营销法则和营销方案可能对于新创企业的适用性较差。创业者往往更依赖于网络关系来实施营销活动。这种网络关系可能是创业团队成员个体拥有的亲戚朋友，也可能是企业层面的战略联盟。因此，创业者在创建营销团队的时候，不仅需要拥有行业经验的专业人士，同时也需要拥有良好社会关系的市场开拓人才。这些人员能够使企业的营销活动事半功倍。

3. 灵活多变

相对而言，传统营销的环境更为稳定，创业营销的实施环境更为动荡。如果创业者进入的是一个新兴市场，那么，这一市场的成长性也带有较大的不确定性。因此，在实施创业营销时，创业者应当时刻注意调整营销策略。战略控制必须成为战略规划过程中的重要环节，在营销过程中，创业者应当随时根据营销环境进行调整。在实践中，创业营销灵活多变的特征也应当成为创业者能够积极发挥的优势，从而促进企业快速成长。

4. 对企业经营的反馈作用更大

在成熟企业内部，营销活动有一套固有的模式，营销人员需要根据企业的经营状况和产品特征制订合理的营销方案。也就是说，营销方案是服务于其他要素的。对于创业营销来说，尽管营销活动仍要根据创业活动的特点来设计，但是营销活动对于企业经营的反馈作用更大。营销不仅是企业推广产品的手段，更是企业反思经营问题、重新制定企业战略、调整企业经营方向的手段。因此，营销战略的实施和控制不仅要求企业对营销方案进行调整，更要求企业对整体战略规划和经营活动进行调整。成功的营销过程能够有效地帮助企业建立竞争优势，促进企业发展。

（二）创业营销的过程

一般来说，创业营销的过程要比传统营销简单。这是由其资源禀赋以及企业特征所决定的。成熟企业往往有一个专职的营销部门来从事营销工作，同时也有充分的资源予以支持。创业营销能够使用的资源则要少得多。在很多新创企业中，很少有专门的营销部门。基于这个原因，创业营销过程要相对简单，其目标也更为直接。

1. 机会深度分析

新创企业的战略制订方案是机会导向的。这也正是新创企业战略与一般成熟企业战略的最大区别之处。在营销模式和营销过程上，这一点同样表现得比较突出。机会深度分析实际上是对创业机会特征的深度分析，主要是对创业机会核心特征的分析。在企业被创立之后，创业机会能否得到有效开发，实现预期价值，取决于创业机会的特征能否被正确认识。创业机会特征中综合考虑了企业的内外环境，因此，机会导向的创业营销模式也是一种兼顾内外情况的营销模式。这一分析环节是创业营销的起点，也是创业营销能否实现预期目标的关键。

2. 关系渠道构筑

许多创业者都承认人脉关系在创业中的重要作用。良好的关系能够为企业带来充足的信息、资金、原材料、产品等要素，并且有助于一个良性循环流动的关系网络的形成。从某种意义上而言，这一关系渠道对于创业者的意义不仅是营销方面的，更关系到整个企业的战略层面。

3. 促销策略实施

促销策略是创业者所实施的具体营销策略。为了把产品推向市场，创业者需要拿出实实在在的销售方案。不论是做广告还是采用其他捆绑销售等方式，这些销售方案的选取需要结合机会的深度分析和关系渠道的特征。对于成熟企业来说，其促销策略较为复杂，需要综合多样化的促销策略来实现预期的目标；而对于创业者来说，促销策略则会简单一些。

4. 产品价格设定

产品价格设定是创业营销的最后一个环节。设定价格是影响营销效果的有效手段。同时，价格的有效性依赖于企业创业机会的开发、竞争优势的构建以及营销规划中其他环节的实施状况。单纯依靠价格策略来营销虽然在短期内会取得一定的效果，但是从长期来看不仅不利于企业的竞争优势构建，也不利于产业的良性发展。笔者把价格设定作为最后一个环节，亦是希望创业者不要把价格作为影响的核心。

（三）促销策略

创业者可行的产品促销策略一般可分为三个类型，即广告销售、营业推广、人员销售。当然，在促销活动中，人员促销和非人员促销往往是同时存在、相互补充的。

1. 广告促销

这里的广告，指的是企业在促销过程中所推广的商业广告。其由于本身的商业性质而有别于其他一些公益性质的广告。

同其他的一些促销策略相比，广告促销有其自身特点。首先，由于广告的中介媒体传播面广，所推介的产品信息能够很快地被传播到较大范围内。因此，广告促销能够达到很好的信息传播效果。其次，由于广告的实施和传播需要中介媒体，而媒体本身的声誉和影响力会对广告的效果产生非常重大的影响。很多企业都热衷于在央视做广告，甚至还有一些企业不惜一掷千金竞争黄金时段"广告标王"，都是冲着央视的权威性和影响力去的。同时，由于在广告这一促销形式中，营销人员并不与消费者直接面对面沟通，广告的内容和形式至关重要。因此，为了做到良好的宣传效果，创业者更应当在广告的精雕细琢上下功夫。

创业者在选择广告媒体时，首先应当遵循企业的战略目标，尤其是影响目标。这些目标为广告的运作和实施提供了一个限定的框架。在这一框架之下，创业者应当在广泛地比较各类广告所能达到的传播效果后，再选择那些最有利于实现目标的广告媒体。在具体实施广告时，创业者也可以考虑组合不同的广告方式，从而更有效地展示企业所提供的产品。例如，创业者可以考虑采用电视广告、平面广告以及网络广告的组合方式，以整合的形式来达到良好的宣传效果。当然这些广告方式的组合不能够彼此干扰，以免削弱广告效果。创业者在选择广告媒体时还应当考虑广告这一促销方式的成本。作为刚刚创立的企业，经济实力往往不够雄厚，支付不起高昂的广告费用。此时，创业者尤其要警惕，千万不要为了打广告而过度耗费宝贵的企业资源。从很多实际案例中都可以看到创业者由于热衷打广告反而面临现金流危机。因此，在选择广告媒体时尤其需要注重广告的成本效益分析。

2. 营业推广

这是企业在某一特定时机或者某一特定地点采用特定手段对消费者施加强烈的刺激，以促进产品的销售额迅速增长的促销方式。当然，营业推广不能作为一种常用的促销策略。如果经常使用该策略的话，消费者就会产生厌烦的情绪，从而使得营业推广的效果适得其反。但是在特定情况下，营业推广的效果非常明显。在实际操作中，企业往往会将营业推广与其他促销方式结合起来使用，使营业推广这种及时性效果与其他促销方式的长期性效果相结合，以达到更好的促销效果。

在营销实践中，营业推广的手段是多种多样的。其中，向消费者推广的主要手段包括以下三种。①向消费者赠送样品。企业将一部分产品赠予客户，供他们免费使用。通过赠送样品，企业可以提升消费者对产品认可度。因此这种方式对刚刚导入市场的新产品最为有效。②发放折扣券。企业向一些消费者发放某种优惠券，使消费者可凭券按一定折扣购买某种商品。通过发放折扣券的方式，可以在一定程度上激发消费者购买的欲望。③有奖销售。企业在销售产品的同时可颁发一些奖项。获得奖项的消费者可以获取一些实物形态或者货币形态的奖励。如果奖励的形式非常诱人，所能达成的促销效果也会非常明显。

除了在消费者推广中的赠送、折扣、奖励等方式以外，企业也可以对于渠道中间商进行营业推广活动。同针对消费者的营业推广一样，企业也可以举办或参加各种形式的商品交易会或博览会，向中间商推销产品。同一行业内的企业往往共同参加这类交易会或博览会。因此，这类交易会或博览会往往能够产生对促销有利的现场环境效应，对中间商有很大的吸引力。当然，为了能够在这些交易会或博览会上脱颖而出，创业者也必须选择一些独特的促销手段来提升营业推广效果。同时，这一类型的交易会或博览会也并不是绝对排斥消费者参加的。

企业在选择营业推广手段时，首先应根据企业的整体战略目标和销售计划来确定营业推广的目标是获得利润，赢得市场份额，或者是更好地与现有企业竞争。在此基础上，再选择适当的营业推广手段来实现既定目标。营销推广手段往往是各种促销手段的结合，以产生积极的整体效应。在营业推广过程中，企业应进一步制定具体的实施和控制方案，随时根据市场环境的变化，不断调整对营业推广的全过程的控制方案。在阶段性营业推广活动结束后，企业还应及时总结，对实施的效果进行评估，并注意同其他促销策略之间的配合情况。

3. 人员销售

这是企业派销售人员直接同目标市场的顾客建立联系、传递信息、促进商品和服务销售的一种促销策略。在创业早期，创业者往往缺乏足够的资源来建立营销网络。因此，新创企业往往需要通过人员来进行销售。相对于其他营销方式，人员推广活动费用也非常高，而人工成本相对来说较为低廉。除此之外，人员销售还有一些不同的特征：①人员销售是面对面的销售方式，便于增进沟通、消除对立情绪、培养与顾客间的友好关系；②当然，如果销售人员或者推销方式不适合，也很容易造成顾客的对立情绪，影响产品销售；③对于一些复杂的产品，销售人员能当场示范，介绍使用方法，这样容易使顾客信服，从而能有效地打消顾客的某些疑虑，使他们接受企业的产品。

在人员销售过程中，销售人员应当积极发挥人员销售的优点，准确把握销售活动的进程，推进产品调研，搜集客户的有关资料，如客户的需求类型、经济实力、购买方式等，以便在面对面的销售中更有针对性地为客户提供服务。如果有时间和资金的准备，创业者可以在销售之前先进行小范围的试点工作，以检验预先设想的销售方案是否可行。在面对面的销售过程中，最大的障碍在于销售人员不能有效地打消客户的层层顾虑，使他们信任自己。销售人员只有善于排除这样的障碍，才能顺利地完成销售任务。这就需要销售人员掌握沟通、谈判、交流等方面的技巧。

三、人力资源管理

人力资源管理是创业者在企业成长过程中所面临的重大挑战。如何招募适合的员工，以及如何把员工培养成企业所需要的人才等问题的解决办法不单单是加强员工管理这么简单，需要企业从自身的发展和竞争优势提升的角度思考新创企业的人力资源管理问题。另外，对新创企业人力资源管理问题的探讨也可以丰富现有人力资源管理研究内容。新创企业为检验人力资源管理的一些创新原则和理论提供了一个非常有价值的现实条件，从而使人力资源管理研究能够从更加关注新企业和小企业方面大大获益。

（一）人力资源管理的战略意义

从现代企业管理实践的发展来看，人力资源在组织制度建设中的作用至关重要。因此，管理学家和管理实践者将人力资源管理、市场管理、财务管理和生产管理视为企业的四大运营职能。对于新创企业来说，人力资源管理尤为重要。创业活动的首要元素是人。只有人员配置得当，创业活动才有源源不断的推动力量。人力资源管理的意义应该被提升到企业发展的战略意义的高度。由此，在新创企业内部，人力资源开发与管理部门的地位应当得到提升，甚至可以被提升到组织战略的高度。

（二）新创企业人力资源管理的特点

作为新创企业发展中的重要管理职能，人力资源管理具有一些很重要的特点。

1.人力资源管理主体的多元化

在成熟企业的人力资源管理中，人力资源部门是人力资源管理的主体。在新创企业中，人力资源部门可能尚未建立起来。此时，创业者可能要担负起人力资源管理工作。为了使人力资源工作开展得更为顺利，创业者可能会邀请外部的咨询顾问共同参与到人力资源管理规划的制订过程中。为了更好地执行人力资源管理规划，高层管理团队成员、企业的一般员工都应当积极地参与到人力资源管理工作中。这样可充分避免企业内部人员对于人力资源管理工作产生抵触情绪，有助于建立起真正适用于企业实际情况的人力资源管理制度。

2. 人力资源管理过程的循序渐进性

对于新创企业来说，人力资源管理工作可以说是建立起系统规范的组织制度的开端。在创业的初期，由于创业生存的压力非常大，即使组织结构不尽完善，企业仍能够排除万难，企业上下一心，共同去完成企业发展的目标。随着企业的发展，特别是在需要吸收新员工来完成新的管理任务的时候，创业者就发现人力资源管理制度建设的必要性。但是这种人力资源管理工作几乎是从零基础开始的。因此，在建设人力资源系统的时候，企业不可能一步就能建好系统的管理制度，必须通过循序渐进地来完成。

3. 人力资源管理内容的广泛性

随着时代的发展和管理实践的发展，人力资源开发与管理的范围日趋扩大。现代组织的人力资源管理包括相当广泛的内容。除去传统的人事管理内容，企业内部把与"人"有关的内容都纳入了其中。在创业领域，人力资源管理工作内容同样非常广泛。创业者更要借助于人力资源管理工作的契机，建立起一套系统的企业组织制度和管理机制。因此，从某种意义上说，人力资源管理工作涉及新创企业处于成长阶段时企业内部管理工作的方方面面。

（三）团队管理

1. 高层管理团队的管理方案

（1）高层管理团队的薪酬设计

新创企业创立通常需要依托于创业团队。创业团队成员具有彼此互补的技能，可以比较灵活地合作，以实现创业成长的目标。在创业初期，金钱方面的激励相当少见，股权的分配往往是一种重要的方式。股权的意义不仅在于财富价值本身，股权同时也代表着对企业的控制力。

显然，股权的分配方式将会决定团队工作的效率和水平。一旦分配不公，团队成员之间就会产生矛盾。

有的学者认为创业团队成员之间的股权分配存在两个原则：相等原则以及公平原则。相等原则意味着在创业团队要平均分配股权。在企业的初创阶段，创业团队成员可能同时扮演各种不同的角色，发挥几种不同的管理职能。在这种情况下，清晰地区分团队成员的贡献大小的难度较大。因此，相等原则可以在一定程度上可以维持团队成员之间的协调性，不至于产生矛盾。与此相对应，公平原则则意味着要按照每一位团队成员的投入比例来分配股权。这一原则往往适用于团队成员的投入价值很容易区分的情况。这些投入价值包括创业团队的知识、技能或者在企业经营中的投入程度。当团队成员之间的投入价值显著不相等时，对团队成员所拥有的股权进行相应的调整是非常必要的。例如，在高科技创业活动中，拥有核心技术的工程师所拥有的股权相对其他创业伙伴往往会高一些。

除了直接授予股份，股票期权也是企业在实践中经常采用的薪酬制度。股票期权包括管理者在未来的某个时间范围内，可以以某一价格购买一定数量公司股票的权利，以及管理者在规定的时间范围内，可以自行决定何时出售股票的权利。期权的实施旨在通过一种利益激励与风险约束机制，促使经营者不断提高经营绩效。同时，股票期权本身具有很大的不确定性。这恰好与管理者的人力资本的专属性、难以计量性等特征相吻合。

对于高层管理者团队成员，企业还常常采用的一种薪酬制度就是年薪制。这一方式很早以前在发达国家就已经广泛应用，这几年在我国也非常流行。年薪制一般作为企业针对高层管理人员使用的薪资方式，能够达到有效的激励效果。当然，年薪制的缺点在于，高层管理人员年薪最高多少、最低多少合理的，无客观标准。特别是新创企业，在资源匮乏的情况下，对于拿出多少作为年薪能够达到对高层管理人员的激励效果，也难以找到现成的答案。

（2）吸收新管理者

随着企业的成长，企业的商业模式或者战略方向经常会发生变化。这可能是因为企业技术研发的力度或能力不够，或者未能有效进行市场开发。此时，现有的管理层往往会发现现有的管理能力难以实现预期目标，因此他们希望吸收新的管理者来制定并实施新的战略，以促进企业成长。通常，对于高层管理团队成员，企业往往不能直接在招募市场上进行招聘。因为企业对于高层管理的要求很高，不能够出现招募失误。这样，企业在高层管理团队成员吸收方面主要通过朋友或行业内部人员的推荐。当然，没有合适人选的时候也可以委托猎头公司进行选择。

这些新进入企业的管理者可能来自大型的企业，能熟练管理复杂的事务。因此，对于创业者来说，一个重大的挑战就是如何采用适宜的激励手段来吸引新进入者。企业可能需要制订复合的薪酬方案以使新进入者的整体薪酬水平能够等同或者超过之前他们所获取的薪资，并且与他们所能实现的企业绩效密切相关。这些报酬可能包括个人的现金奖金、与组织短期业绩相关的报酬、与组织长期业绩相关的报酬如股票期权或影子股票等。这种复合的报酬体系为新吸收的管理者提供了共同分享企业收益和风险的可能性。

在新管理者的吸收方面，另一个重要的问题是是否要对新进入的管理者直接授予股权。让新管理者直接拥有企业的部分股权能够让他们直接拥有企业所有权。这一方式对新进入者的激励效果最为显著。事实上，部分企业的原创业团队往往不愿与新进入者分享股权。股权的分享会引起原有创业团队成员手中的股权稀释，减弱他们对企业的控制力，从而可能会导致职位保障的不确定性。而新管理者往往更期望能够获取这种激励。

（3）现有管理团队成员的考察与调整

在创业初期，创业者是经过深思熟虑后才完成创业团队的组建的。然而，随着企业的成长，创业者事先设想的发展模式与实际总是或多或少存在一定出入。同时，创业团队的凝聚力也会受到挑战。一方面，创业团队成员的能力和素质可能不足以担任原来设定的职位，此时，创业者需要重新调整团队成员。另一方面，团队成员甚至可能具有完全不同的价值观和发展目标。在这一情况下，团队成员内所出现的分歧可能难以调和。此时，创业团队成员的分家也是在所难免的。

管理团队的调整需要立足团队现有工作状况。创业者首先要对管理团队的运行状态有清晰的认识。新创企业内部的管理事务环环相扣。每一个环节出现问题都可能造成企业经营的停滞。因此，创业者应当积极关注当前的企业经营状态，找到问题的原因。由于高层管理团队成员往往不能够采用类似基层员工的管理方式，因此在实践中，创业者应当用更灵活的方式考察高层管理团队的工作状况。例如，创业者应当定期召开有关企业战略方向的讨论会议，不断地与其他高层管理团队成员沟通交流，掌握每个人对于其未来发展方向的设想，如果存在分歧就要着手进行处理。在业务推进中，创业者也应当时刻关注企业内部的管理事务和外部的市场拓展工作的进展，考察团队成员的工作效率，以全面掌握高层团队的工作状况。

基于对团队工作状况的考察，创业者应当及时发现可能存在的问题，分析问题源头。如果由于团队凝聚力减弱导致成员不够投入，那么，创业者应当重新定位企业发展目标，通过沟通交流以及必要的激励机制使得创业目标重新成为团队成员的共同目标，增强成员间的凝聚力。如果团队成员之间的想法实在无法重新整合在一起，创业者也应当机立断，迅速处理分歧，以免影响企业的良性成长。创业者最应忌的是充当和事佬的角色，去掩盖问题而不是解决问题。

2. 一般员工管理

新创企业的价值创造主体是创业团队和企业员工。虽然一般员工主要的工作是执行管理团队下达的任务，推进企业的发展。但是他们的执行力和主动性，是企业战略推进不可或缺的因素。因此，针对一般员工的人力资源管理同样非常重要。对于新创企业来说，其资源十分匮乏，环境变化剧烈，在人力资源管理方面更应当审慎，不能浪费资源。

新创企业人力资源管理以战略为核心。人力资源管理的各个环节就是要满足对实现企业战略至关重要的战略性核心人才的需要。同时为了更好地使企业的战略能够在企业内部得到共识，人力资源部门需要通过有效的管理方案使得人力资本对于企业战略的支持作用能够发挥到最大。因此，人力资源管理是战略导向的。新创企业应当用战略来指导人力资源管理的每一个具体操作过程，以此提高人力资源在公司中的战略价值，保证公司的人力资源管理政策与公司的发展战略相匹配。同时，创业者也需要对人力资源进行系统规划，借助人力资源制度的建立和完善，推动新创企业组织结构的建设，从而推动企业朝正规化方向发展。

因此，新创企业的人力资源管理本质上是一种战略性人力资源管理。创业者需要围绕着企业的发展战略，明确人力资源管理的使命、定位、指导思想，做好人力资源管理规划，并在此基础上，完善员工的调配、培训发展和薪酬激励机制。

参考文献

[1] 约瑟夫·熊彼特. 经济发展理论 [M]. 郭武军, 吕阳, 译. 北京: 华夏出版社, 2015.

[2] 丛子斌. 创新创业教育 [M]. 北京: 高等教育出版社, 2016.

[3] 陈劲, 陈钰芬. 开放创新体系与企业技术创新资源配置 [J]. 科研管理, 2006 (3).

[4] 顾佳峰. 基于交易成本的高校产学合作创新管理机制研究 [J]. 研究与发展管理, 2008 (4).

[5] 郭朝晖, 李永周. 产学合作中的知识转移机理与绩效评价研究 [J]. 技术经济与管理研究, 2013 (6).

[6] 张彦. 高校创新创业教育的观念辨析与战略思考 [J]. 中国高等教育, 2010 (23).

[7] 杨爱杰. 大学生创业教育的实现途径探讨 [J]. 科技创业月刊, 2006 (1).

[8] 雷家骕. 国内外创新创业教育发展分析 [J]. 中国青年科技, 2007 (2).

[9] 张德江. 对创业教育的认识与实践 [J]. 中国高教研究, 2006 (5).

[10] 童晓玲. 研究型大学创新创业教育体系研究 [D]. 武汉: 武汉理工大学, 2012.

[11] 曹扬. 转变经济发展方式背景下高校创新创业教育问题研究 [D]. 长春: 东北师范大学, 2014.

[12] 佟擘. 我国高校大学生创业教育现状分析及对策研究 [D]. 北京: 中国地质大学, 2009.

[13] 樊鹏. 高等院校本科生创业教育研究 [D]. 武汉: 华中农业大学, 2014.

[14] 齐文勃. 我国高校创业教育现状分析及对策研究 [D]. 大连: 大连理工大学, 2008.

[15] 林文伟. 大学创业教育价值研究 [D]. 上海: 华东师范大学, 2011.